구름 위의 삶

김영삼

지음

'구름 위의 삶'이라는 제목처럼 우린 행복하기 위해 이 땅에 왔다. 과거에 어떤 일을 경험했든, 현재 어떤 환경에 놓여 있든, 모두가 구름 위의 삶을 살았으면 좋겠다. 그 이유는 구름 아래의 삶은 비, 바람, 폭우, 눈, 태풍 등 환경의 영향을 받지만 구름 위의 삶은 항상 맑음이기 때문이다. 경제적으로 봤을 때 구름 아래서는 물가와 각종 세금이 오르면 스트레스를 받는 힘든 삶을 살아야 한다. 반면 구름 위에서는 재정적으로 자유로워 그런 영향을 받지 않고 살아간다. 그만큼 구름 위의 삶은 '경제적 맑음' 상태라 자유롭게 먹고, 사고, 여행을 다닐 수 있다.

구름 위의 삶에서 누리는 또 하나의 이점은 마음공부다. 마음공부를 하면 행복은 저절로 다가오는 게 아니라 찾는 것이자 발견하는 것임을 깨닫는다.

현실을 살아가는 우리에게는 두 날개가 필요하다. 하나는 재정적 자유이고 다른 하나는 마음공부로 얻는 마음 천국이다. 그 두 날개로 마치 독수리처럼 힘차게 창공을 향해 날아오르자. 힘차게 날아서 구름 위를 뚫고 올라가자.

나는 두메산골에서 가난한 농부의 7남매 중 여섯째 아이로 태어났다. 그 척박한 환경은 산골 소년에게 끈기, 인내, 정직을 가르쳐주었다. 다른 한편으로 나는 '가난은 반드시 극복해야 할 처절한 질병' 같은 것임을 어린 나이에 배웠다.

내 가슴에는 어릴 적부터 보고 자란 시련의 파편들이 박혀 있다. 그 가난의 추억은 항상 뇌리에 똬리를 틀고 있다. 그 영향인지 나는 일찍부터 삶의 방향을 설정했다.

이 책은 내가 세상에 내놓는 두 번째 책이다. 첫 번째 책은 《가지 않을 수 없는 길》로 삶이 아무리 힘들어도 삶에는 반드시 가야만 하는 길이 있다는 것을 보여주는 책

이다. 첫 번째 책이 '성공의 산'을 오르며 입구에서 느낀 경험을 쓴 것이라면, 두 번째 책은 산 중턱쯤 다다른 느낌에 해당한다.

나는 길바닥의 돌멩이나 깡통 같은 존재였다. 그 바닥에서 성장하기 위해 수많은 실패와 성장의 롤러코스터를 탔다. 길거리 노점상부터 현재 기업의 의장까지 나는 크고 작은 사업을 15개나 경험했다. 그 과정에서 숱한 시련을 겪으며 내가 포기하지 않으려 붙잡고 매달린 문장들이 있다. 수없이 넘어지고 깨지고 피를 흘리며 깨달은 산고의 문장들도 있다. 그러한 문장을 이 책에 담아냈다.

이 책은 스스로를 돌아보는 중년의 성장 스토리로 나는 여기서 독자 여러분과 미래의 다짐을 공유하려 한다. 이 책을 계기로 나를 한 번 더 돌아보고 싶은 마음도 있다. 그렇다고 이 책을 진리로 여기는 것은 아니다. 그럴 수도 없다!

세상엔 수많은 스승이 있다. 그 모든 스승에게 감사한다.

독자 여러분 역시 언제든 내게 가르침을 준다면 겸허히

받아들일 것이다. 모두가 구름 위의 삶, 행복한 삶을 살

기를 바란다.

김영삼

CONTENTS

CONTENTS

CONTENTS

01

인생

인생은 우리가 만들고자 하는 것이다.
항상 그랬고, 항상 그럴 것이다.

에른스트 헤밍웨이

01

인생

01. 인생의 축소판 '하루'

인생 무대는 '나만의 쇼타임'을 만들어가는 과정이다. 그 무대에서 평범함을 위대함으로 바꾸는 매직은 '하루'에 있다. 성공하고 싶은가? 부자가 되고 싶은가? 위대해지고 싶은가? 그 해답은 오늘 보내는 하루에 있다.

우리 일생은 연, 월, 일로 구성되어 있다. 연을 잘게 쪼개면 월로, 월을 잘게 쪼개면 일로 나뉜다. 그 '일'이 곧 하루이자 우리 삶의 최소 단위다.

그런데 많은 사람이 하루의 소중함을 모른 채 흘려보내

면서 꿈을 이야기한다. 하루의 의미를 모르면 그 꿈은 일
장춘몽(一場春夢)에 불과하다.

꿈에 다가가려면 선명하고 커다란 꿈, 즉 목표를 만트라
의 가운데에 설정하고 '내가 매일 반드시 해야 하는 일'
의 목록을 적어야 한다. 나아가 우선순위를 정해 날마다
실천해야 한다.

내 목표는 '글로벌 행복주식회사' 오너인데, 이를 위해
내가 하루도 빠지지 않고 실천하는 목록은 다음과 같다.

명상.	글씨 잘 쓰기.	유머.
5분	10분	10분
한자.	경영 유튜브.	스피치.
5분	10분	10분
영어.	보컬.	딥(Deep)독서.
10분	10분	40분
글쓰기.	내셔널 독서.	운동.
30분	2시간	1시간

이러한 목록을 실천하다 보면 어느 순간 새로 추가하기도 하고 빼기도 하지만 큰 맥락에는 변함이 없다. 하루를 어떻게 보낼지 스스로 우선순위를 정하지 않으면 남이 내 하루의 우선순위를 정하게 된다.

먹고살기 위해 어쩔 수 없이 하기 싫은 일을 하거나, 억지로 다니는 직장에서 하루의 대부분을 보내는 것은 얼마나 안타까운 일인가? 실제로 한 달에 한 번 받는 '봉급'의 맛에 길들어 거기에서 벗어나지 못한 채 수십 년을 보내는 사람도 많다.

그날이 그날 같고 하루가 하찮게 여겨지는가? 그렇지 않다. 그 하루하루가 쌓여 우리의 미래를 결정한다. '성공'은 하루가 얼마나 소중한지 깨닫는 것부터 시작된다!

다시 한번 말하지만, 우리 인생에서 오늘 하루는 정말 소중한 순간이

다. 과거는 흘러갔고 미래는 살지 못한다. 단지 오늘 하루만 살아갈 뿐이다. 알고 있는가, 미래는 달력에만 존재한다는 것을.

아침에 출근하면서 바라보는 한강 물은 어제 퇴근하면서 본 한강 물과 다르다는 것을 알자. 인생에서 오늘은 영영 다시 오지 않는 소중한 하루다. 우스갯소리 같지만 "오늘 점심을 굶으면 그 점심은 평생 찾아 먹을 수 없다"라는 말은 사실이다. 지나가면 그만이다. 결국 우린 오늘을 살고, 오늘은 오늘 죽는다.

짧다면 짧고 길다면 길 수 있는 하루에도 온갖 희로애락(喜怒哀樂)이 담긴다. 오늘, 우린 어떤 생각과 말과 행동을 하며 살아야 할까? 이 질문과 관련해 라틴어 '메멘토 모리(Memento mori)'는 우리에게 많은 가르침을 준다. 이 말은 "죽음을 기억하라"라는 의미로 그만큼 현재를 열심히 살라는 뜻을 담고 있다.

우린 당장 내일 죽을 수도 있다. 만약 당신이 내일 죽는다면 무엇을 후회하겠는가? 당신은 소크라테스처럼 흔

쾌히 독배를 마실 수 있는가? 그럴 수 없다면 그 이유는 무엇인가?

죽음을 꺼리는 이유는 다양하다. 어떤 이는 돈과 명예가 아까워서 죽음을 원치 않는다. 또 어떤 이는 부모, 아이, 남편 등 가족과 헤어지길 원하지 않는다. 죽고 싶지 않은 이유는 차고 넘친다. 한데 그 모든 건 자신을 옭아매는 사슬에 불과하다.

달이 차면 기울게 마련이고 겨울은 다가오는 봄을 막지 못한다! 만남과 헤어짐, 태어남과 죽음도 마찬가지다. 다들 알고 있는 사실이지만 우린 빈손으로 왔고 갈 때도 아무것도 가져가지 못한다. 그러니 내일 죽어도 여한이 없도록 오늘을 잘 살아야 한다. 오늘이 일생의 전부인 것처럼. 오늘 내가 할 수 있는 것에 최선을 다하자. 좋아하는 것, 즐기는 것을 미루지 말고 평소에 하자. 가족과 지인에게 지금 사랑한다고 말하자!

내일로 미루고 싶은가. '내일'은 실패자의 언어다. 가난하고 아프고 불행한 사람은 이렇게 말한다. 내일부터 열심히 하면 되지! 내일부터 운동하면 되지! 내일부터 살을 빼면 되지! 내일부터 사랑한다고 말하면 되지! 안됐지만 내일은 영영 오지 않는다. 나는 내일을 한 번도 본 적이 없다! 우리는 오늘만 산다.

오늘의 작은 성공이 내일의 커다란 성공을 끌어당긴다. 삶의 도마 위에 행복이라는 고등어를 올려놓자. 시간이라는 서슬 퍼런 식칼로 과거라는 후회의 꼬리를 잘라내고 미래라는 근심, 걱정의 머리를 잘라내자! 그리고 하루라는 몸통을 맛있게 요리하자! 삶의 몸통은 바로 오늘이다.

02. 우리는 하루를 살고 하루가 죽는다

늘 바쁘게 살아가는 우리는 그다지 의식하지 않지만, 우리 곁의 식물들은 계절 변화에 따라 삶과 죽음을 고스란히 보여준다. 싱싱하게 피어났다가 시들어 떨어지는 모습 자체가 우리네 삶과 다를 바 없다. 우리 역시 순간순간 죽어가고 있다. "목숨 걸고 산다"라는 말도 있지 않은가.

생각해보면 삶과 죽음은 한 호흡 차이다. 지금 호흡하고 그다음 호흡을 하지 못하면 우린 죽는다. 그렇게 우리는 하루를 살고 하루가 죽는다. 세상 모든 것이 변하지만 단하나, 우리 모두 죽는다는 사실은 변치 않는다. 그건 누구도 피할 수 없는 진리다.

흘러가는 시간을 음미하자. 지금 이 순간 시간이 흘러가고 있음을 느껴보자. 현재를 살자. 유한한 삶에서 무한의 삶으로 나아가려면 그 끝을 기억해야 한다. 메멘토 모리, 즉 죽음을 기억하자.

다시 한번 말하지만 언젠가 우린 모두 죽는다. 죽음을 기억하면 하루하루를 대하는 자세가 달라진다. 우리가 지구 행성을 여행 중임을 알면 하루라는 시간의 밀도 역시 달라진다.

만약 당신이 시한부 선고를 받아 1년 후나 6개월 혹은 3개월 후에 죽는다면, 당신은 지금 하는 걱정을 여전히 하겠는가? 미래를 여전히 불안해하겠는가? 가족과 친구에게 화를 내거나 그들을 미워하겠는가?

삶은 길지 않다. 주변 사람에게 '사랑합니다, 고맙습니다'라는 말만 하기에도 짧다.

좋지 않은 감정이 남은 사람도 용서하자. 이는 타인이 아니라 나를 위한 일이다. 가볍게 살다 가볍게 가야 하지 않겠는가. 마음의 짐을 내려놓자. 감정을 떠안고 있는 건 너무 무겁지 않은가.

미리미리 비우면서 살고 인생 마지막 날 홀가분하게 웃으며 인생 여행을 마치자. 아니, 인생 마지막 날까지 기다릴 필요가 어디 있는가. 지금 이 순간부터 몸과 마음을 가볍게 만들자.

당신은 어떤 묘비명을 쓰고 싶은가? 지구 행성에 왔으니 다녀갔다는 흔적이라도 남겨야 하지 않겠는가. 아일랜드 극작가 조지 버나드 쇼(George Bernard Shaw)의 묘비명에는 이런 말이 쓰여 있다.

"정말 오래 버티면(살면) 이런 일(죽음)이 생길 줄 내가 알았지!"

흔히 '우물쭈물하다 내 이럴 줄 알았다'라고 알고 있지만, 이것은 한 통신사가 지나친 의역으로 광고에 사용하면서 퍼져나간 오역이다. 걸레 스님으로 알려진 중광 스님의 묘비명에는 "괜히 왔다 간다"라고 쓰여 있다. 세계에서 성경 다음으로 많이 팔린 책 《인간관계론》으로 유명한 데일 카네기는 묘비명을 직접 썼는데 그 내용은 이러하다.

"자신보다 현명한 사람들이 주변에 모이도록 하는 법을 터득한 자, 여기 잠들다."

당신이 원하는 묘비명은 무엇인가? 난 내 묘비명으로 '많은 사람을 행복하게 해준 이, 이곳에 잠들다'로 정했다. 당신의 인생 나침반이자 사명을 녹인 묘비명은 무엇인가?

03. 삶에서 완벽한 단어는 '태도'다

삶에서 가장 완벽한 단어는 무엇일까? 완벽한 단어를 중요한 순서대로 줄을 세우기는 힘들다. 그런데 어느 학자가 영어 알파벳에 숫자를 매긴 뒤 단어에 점수를 부여했다. A는 1, B는 2, C는 3, D는 4, E는 5…라는 식이다. 이에 따르면 LUCK는 47점, MONEY는 72점, LEADERSHIP은 89점, KNOWLEDGE는 96점 그리고 ATTITUDE는 100점이다. 그러니까 가장 완전한 단어는 Attitude, 즉 태도다. 이 연구 결과에 공감이 간다. 사람의 태도는 그 사람의 내면에서 흘러나온다. 사람의 태도를 지켜보면 우리가 감기를 감출 수 없듯 그 사람의 내면이 보인다. 한 사람의 태도는 과거의 궤적이고 현재의 풍경이며 미래의 청사진이다.

당신이 오늘 짓는 표정은 어떠한가? 밝고 희망적인가, 우울한가?

당신이 오늘 하는 말은 어떠한가? 긍정의 말이 많은가, 부정의 말이 많은가?

당신이 오늘 하는 행동은 어떠한가? 주도적인 행동이 많은가, 마지못해 하는 행동이 많은가?

현재 우리의 태도는 두 개의 쌍곡선이 교차하면서 나아간다. 하나는 새가 집을 짓듯 그동안 우리의 마음속에 차곡차곡 둥지를 튼 태도다. 다른 하나는 미래의 꿈과 목표를 이루기 위한 현재의 태도다.

목표는 사람이 세우지만 그다음엔 목표가 사람을 이끈다. 일단 목표를 설정하면 내가 만나는 사람과 환경이 달라지고 그들을 대하는 태도 역시 달라진다. 사람들은 대부분 현재를 살며 미래를 계획하지만, 꿈을 이루고 성공한 사람들은 역산 스케줄로 하루를 산다. '5년 후, 10년 후 나는 이런 사람이 되어 있을 거야.' 그러면 매일 내가 무엇을 해야 하는지 그 답이 나온다.

군대에 가기 전, 나는 건축일을 했다. 아파트도 짓고 상가 건물도 지었다. 건물을 건축할 때는 건물 색상, 모양, 인테리어, 옥상의 조경 나무 한 그루까지 미리 조감도를 그린다. 그리고 언제 첫 삽을 뜨고 언제까지 준공할지 사전에 정하고 시작한다. 건축에는 데드라인이 두 개 존재

한다. 언제부터 시작할 것인가와 언제 끝낼 것인가가 그 것이다. 건축물은 나무 한 그루까지 조감도와 흡사하게 완성한다.

우리도 드림빌딩 조감도를 가슴에 생생하게 그리면 그 꿈을 한 치의 흐트러짐 없이 현실로 만들 수 있지 않을까? 목표로 하는 날짜까지 당신의 꿈을 완성하려면 역산 스케줄로 언제 출발할 것인지부터 정해야 한다. 그리고 목표를 잘게 쪼개 매일 꼭 해야 하는 일을 정한 뒤, 벽돌을 한 장 한 장 쌓아 올린다는 생각으로 진행하면 꿈은 현실로 나타날 것이다.

하루하루의 태도가 중요하다. 하루를 맞이하는 당신의 태도는 어떤가? 호박은 3개월이면 먹을 수 있지만 도토리나무는 30년이 지나야 거목으로 성장하고, 그 나무로 지은 집은 100년이 간다. 성장하는 나무는 비바람과 왈츠를 추고, 땡볕에서 선탠을 즐기며, 한겨울 맹추위를 묵언 수행하듯 조용히 견딘다. 그러한 태도로 나무는 매년 속을 채우면서 희망의 열매를 맺는다.

04. 업무에는 진짜 업무와 가짜 업무가 있다

당신에겐 꿈이 있는가? 있다면 하루 24시간 중 몇 시간
이나 그 꿈을 위해 진정 몰입하는가?

학생은 학교에 다녀오지만 진짜 공부에 몰입한 시간은
얼마나 될까? 직장인은 직장에 다녀오지만 진짜 일에 집
중한 시간은 얼마나 될까? 세일즈맨은 하루를 열심히 보
내지만 하루 중 진짜 상품을 전달한 시간은 얼마나 될
까? 학교, 직장, 세일즈 등 각 분야에서 성공한 모든 사람
을 보라! 껍데기만 왔다 갔다 하는 게 아니라 하루를 알
차게 보내는 것이 중요하다.

당신은 하루 중 꿈을 위해 진짜 업무에 얼마나 시간을 쓰
고 있는가? 이것을 확인해볼 필요가 있다. 하루하루의 업
무 중에는 중요한 것도 있고 급한 것도 있다. 성공한 사
람들은 공통적으로 하루의 총량 중 급한 업무가 아닌 중
요한 업무를 반드시 먼저 한다는 특징을 보인다.

어느 대학교수가 학생들 앞에 투명한 아크릴 상자를 가
져와 교탁 위에 올려놓았다. 이어 그는 주먹만 한 돌이

들어 있는 자루를 쏟아부어 아크릴 상자를 채웠다. 그리고 물었다. "이 아크릴 상자가 채워졌습니까?" 학생들은 "네"라고 대답했다. 그러자 그는 작은 자갈이 들어 있는 자루를 부어 상자를 채웠다. 그는 다시 물었다. "이 상자가 채워졌습니까?" 역시나 학생들은 "네" 하고 대답했다. 그 뒤 교수는 모래가 들어 있는 자루를 쏟아부었다. "이 상자가 채워졌습니까?" 학생들은 이번에도 "네"라고 대답했다. 그때 교수가 물을 쏟아부으며 말했다.

"이제 이 아크릴 상자가 채워졌습니다. 그런데 말이죠. 거꾸로 물이나 모래, 자갈을 먼저 넣었다면 벌써 넘쳤을 것입니다. 이것이 우리 인생입니다. 유한한 삶을 살아가는 우리는 큰 돌 같은 중요한 것을 찾아내 먼저 실행해야 합니다. 그 큰 돌은 타인이 아니라 나를 위한 것이어야 합니다."

그렇지만 사람들은 대부분 하루를 보내면서 모래 같은 작은 일에 더 많은 시간을 쓰고 있다. 예를 들면 휴대전화를 보고, 술을 마시고, 잡담하고, TV를 시청하고, 멍하니 앉아 시간을 보낸다. 물론 그런 것이 나쁘다는 얘기가 아니다. 하지만 진정 꿈을 이루고 성공하길 원한다면 하루에 행하는 일 중 진짜 업무와 가짜 업무를 선명히 구분해야 한다.

꿈과 목표가 있는가? 그럼 매일 하루를 시작하기 전에 당신이 반드시 해야 하는 진짜 업무가 무엇인지, 그 일에 시간을 얼마나 쓸지 정해야 한다. 그리고 잠자리에 들기 전에는 하루를 마무리하며 오늘 하지 못한 중요한 일이 무엇인지, 가짜 업무에 얼마나 많은 시간을 썼는지 돌아보며 반성하는 시간을 보냈으면 좋겠다.

05. 중년이 되어 깨달은 것

삶은 흐름이다. 끊임없이 흘러간다. 때론 요동치며 때론 순응하며. 그렇게 흘러가다가 우리는 간혹 멈춰 서서 질문을 던진다. "왜 그럴까?!" 이건 '삶의 쉬어감'이다. 문장에 쉼표가 있고 그림에 여백의 미가 있듯 우리 삶도 그러하다.

쉼표와 여백은 빈 공간으로 버려지는 게 아니라 본질을 뒷받침하는 중요한 역할을 한다. 앞만 보고 달리다 어느 순간 멈추면 문득 깨닫는 게 있다. 바로 달리는 것만 내 인생은 아니라는 것! 걷는 것도, 잠시 멈춰 쉬는 것도 소중한 내 인생이다. 실은 그래야 방향을 제대로 잡고 더 멀리 나아갈 수 있다.

우리 사회는 아이들을 초등학교 때부터 경쟁의 통 속에 가두고 숫자로 줄을 세운다. 성인들은 보유한 자산 규모, 집 평수, 자동차 CC 등을 숫자로 평가해 줄을 세운다. 모든 걸 숫자로 평가하는 숫자 사회에서는 1등만이 승자다. 그 나머지는 끊임없이 상대적 박탈감에 시달린다.

만약 숫자 사회에 100명이 산다면 승자는 1명이고 나머지 99명은 패자다. 사회가 그렇게 만든다. 이 사회에서 1등은 불안해서 뛰고 나머지 99등은 1등이 되기 위해 열심히 뛴다. 그처럼 모두가 뛰고 또 뛴다.

숫자 사회는 곧 도파민 사회다. 그러니까 더 큰 것, 더 많은 것, 더 빠른 것, '더! 더! 더!'를 추구하는 도파민 환각 사회다. 왜 뛰는 걸까? 모른다. 남들이 뛰니까 그냥 뛴다. 스칸디나비아반도에 레밍(Lemming)이라는 쥐가 산다. '나그네쥐'라고 불리기도 하는데 번식력이 좋고 어느 순간 개체 수가 확 늘어나면 다른 땅을 찾아 이동하는 특성을 보인다. 이들은 무리를 지어 집단으로 이동하다 우두머리 쥐가 뛰기 시작하면 나머지 쥐도 따라서 뛴다.

어디로 가는지도 모르는 채 선두를 따라 무작정 뛰는 바람에 절벽이나 바다, 호수를 만나면 무리 전체가 죽고 만다. 그야말로 집단자살이다. 여기에 빗대 생각 없이 집단을 따르는 쏠림 현상을 '레밍 효과'라고 부른다.

무작정 앞만 보고 달리면 길가에 핀 꽃의 아름다움을 보거나 향기를 맡을 수 없다. 멈춤, 쉬어감, 느림, 느긋함은 그 자체로 인생의 미학이다.

좀 느긋하게 살자. 그것이 우리가 원하는 행복을 얻는 길이다. 조급한 마음으로는 행복을 맛보기 어렵다.

방송인 뽀빠이 이상용은 20평대 집에서 산다. 사실 그는 35년 동안 어린이 567명의 심장병 수술을 돕는 데 무려 100억을 기부한 대단한 사람이다. 여전히 왕성하게 활동하는 이상용은 현재 80대 나이에도 하루 2시간씩 운동하며 전국 공연을 소화하고 있다. 평생 20평대 집에서 살아온 그는 이런 말로 우리에게 강한 울림을 준다.

"집은 20평, 건강은 80평, 마음은 100평에 산다!"

진정한 부자는 마음 부자가 아닐까? 자아가 생생하게 살아 있으니 말이다. 반대로 숫자 사회에 매몰되면 자아는 흐려지는 것을 넘어 산산이 부서진다. 내면을 외면하고 외부 환경만 바꿔 행복해지려는 건 어리석은 일이다.

마음의 여백을 찾자. 좀 쉬어가자. 더 갖겠다고 앞만 보고 달려가는 것은 미친 물소의 양쪽 뿔을 잡고 이리저리 날뛰는 것과 같다. 쫓기듯이 조급하게 달려가던 발걸음을 늦추고 조금이라도 여유를 맛보자.

그러면 편향적으로 흐르던 생각, 상자 안에 갇혀 있던 생각이 조금씩 활기를 되찾으면서 다양성을 받아들이기 시작한다. 그만큼 삶도 여러 측면에서 바라본다. 이것이 삶을 제대로 경험하고 맛보는 자세다.

06. 인간의 목적은 무엇일까

우리가 행동하는 목적은 결국 행복에 있다. 우리는 행복하기 위해 무언가를 한다. 행복은 저절로 다가오는 게 아니라 찾고 발견하는 것이다.

그 행복의 출발점은 어디일까? 존재 그 자체다. 우린 아무 조건 없이 존재하는 것만으로도 행복해야 한다. 바다, 햇살, 별 그리고 바람을 보고 듣고 느낄 때 그저 행복하지 않은가. 살아 있어서 기쁘지 아니한가.

돈이 최고라고? 어제 죽은 100억 자산가는 오늘 자장면 한 그릇도 먹을 수 없다. 대하소설 《토지》를 쓴 박경리 소설가는 "살아 있는 것, 생명이 가장 아름답다"라고 했다. 그렇다. 생명은 그 자체로 찬란하게 아름답다.

볼 수 있어서, 들을 수 있어서, 느낄 수 있어서 참 감사하다. '지금 이 순간' 누군가가 하는 간절한 기도를 들어보자.

"볼 수만 있다면 그 어떤 것도 바라지 않겠습니다!"

"들을 수만 있다면 그 어떤 것도 바라지 않겠습니다!"

"걸을 수만 있다면 그 어떤 것도 바라지 않겠습니다!"

지금 이 순간 누군가는 이것 하나만 바라며 간절히 기도한다. 볼 수 있고, 들을 수 있고, 걸을 수 있는 것만으로도 굉장한 축복이다. 누군가의 간절한 소원을 우린 이미 이루고 살아가지 않는가. 누군가가 간절히 기대하는 기적을 날마다 경험하고 있지 않은가.

내 삶에 감사하자. 내 삶을 사랑하자. '지족(知足)하는 삶'을 살자!

지금 누리는 것을 당연시하면 우울과 불행이라는 손님이 끊임없이 우리 마음을 노크한다. 지금 보고 듣고 걸으면서 존재할 수 있다는 것만으로도 감사하자. 그것이 행복의 출발점이자 도착점이다!

그래도 삶이 무료해지면 가끔 봉사 활동을 해보자.

인천에서 사업하며 라이온스 활동을 할 때의 일이다.

어느 날 지역 요양원을 찾아가 대소변도 가리지 못하고 누워만 있는 분을 목욕시키는 봉사 활동을 했다. 한 분은 거동할 수가 없어서 3명이 함께 욕실로 옮기기로 했는데, 그분을 들자마자 냄새가 코를 찔렀다. 살펴보니 너무 오래 누워 있어서 욕창이 생긴 것이었다. 검지가 들어갈 만큼 구멍이 난 살에 피고름이 맺혀 썩고 있었다.

그렇게 실오라기처럼 가느다란 숨을 내쉬며 꺼져가는 한 사람의 삶을 대하자니 뭐라 말하기 어려울 만큼 안타까움이 밀려왔다. 어찌어찌해서 그분을 깨끗하게 씻기고 다시 병상에 눕히자 만감이 교차했다.

앞으로 나는 어떤 삶을 살아야 할까? 내 인생에도 노을이 찾아올 텐데 그때 나는 어떤 모습일까? 내가 병실에 누워 있을 때 아무도 나를 찾지 않고 쓸쓸히 죽음을 기다려야 한다면 어떤 심정일까? 문득 슬펐다. 그런 마지막은 생각조차 하고 싶지 않았다. 정말 잘 살아야겠다 싶었다.

오랜만에 몸을 씻은 그분은 개운했는지 희미하게 옅은 미소를 지었다. 보일 듯 말 듯 짓던 그 옅은 미소를 지금도 잊을 수가 없다. 원하던 물건을 사면 행복감이 열흘쯤 이어진다. 그러나 강한 인상을 받은 봉사 기억은 평생 가슴속에 남아 미소를 짓게 한다.

이처럼 돈으로 얻는 행복은 그 수명이 짧다. 반면 가치를 추구해서 얻는 행복은 그 수명이 길고 값지다. 가치를 추구하다 보면 덤으로 얻는 것도 있는데 그건 바로 돈, 명예, 인기다.

현재 삶이 힘들다면 웅크리고 앉아 이런저런 번민에 휩싸이지 말고 차라리 봉사를 해보길 권한다. 평소 당연하게 여기던 것이 실은 당연한 게 아니라는 깨달음은 감사를 불러일으키고 행복감도 준다.

국어사전에서는 행복을 "기분 좋은 느낌(Good feeling)"으로 정의한다. 그러니까 행복을 돈 많이 버는 것, 큰 집을 소유하는 것, 좋은 차를 타는 것으로 정의하지 않는다. 우리는 지금 보고 듣고 걸으며 존재하는 것만으로도 행복할 수 있다. 오늘 어떤 상황에 있든 행복을 선택하자. 매일매일 그렇게 하자.

07. 죽기 직전 후회하는 4L

20세기 최고 정신의학자이자 호스피스 운동의 선구자인 엘리자베스 퀴블러 로스(Elisabeth Kbler-Ross)와 그녀의 제자 데이비드 케슬러는 《인생 수업》(류시화 옮김, 이레, 2006)에서 죽음을 앞둔 사람들이 후회하는 공통점 4가지, 즉 4L이라는 위대한 가르침을 전해주고 있다. 그것은 살고(Live), 사랑하고(Love), 웃고(Laugh), 배우라(Learn)는 가르침인데 이는 죽음을 앞둔 사람들이 저자들과의 인터뷰에서 남긴 말이다. 그들은 삶은 기회이자 아름다움이고 놀이이므로 붙잡고 감상하고 누릴 것을 권한다. 또한 삶에서 배워야 할 것이 있음을 강조한다.

라이브(Live)는 '좀 더 잘 살걸' 하는 후회다.

죽을 때는 대체로 경험한 것이 아니라 경험하지 않은 것을 후회한다. 부두의 배는 정박해 있을 때 안전하다. 그러나 배는 그렇게 세워두려고 만든 게 아니다. 배는 비록 위험할지라도 풍랑을 헤치고 바다로 나가 꿈의 그물을 던져야 한다.

아직 늦지 않았다. 내 인생의 선장은 '나'다. 돛을 세워 바다로 나아가자! 도전하자!

러브(Love)는 '좀 더 적극적으로 사랑을 표현할걸' 하는 후회다.

9.11테러 당시 테러범이 비행기 4대를 납치했다. 그중 2대는 110층짜리 세계무역센터 쌍둥이 빌딩에 부딪혔고, 1대는 미국 국방부 본부 청사 펜타곤 건물 일부를 무너뜨렸다. 그리고 나머지 1대는 피츠버그 동남쪽에 추락했다. 그야말로 2,800~3,500명이 사망 또는 실종된 대참사였다.

비행기가 건물에 부딪히고 추락할 때 많은 사람이 마지막 문자를 남겼는데, 그 대다수가 사랑한다는 내용이었다. 그들이 죽기 직전에 가족, 지인에게 한 말은 거의 다 "사랑한다"였다.

살아 있다는 건 아직까지 우리에게 기회가 있다는 의미다. 오늘부터 가족과 지인에게 한 번이라도 더 사랑한다는 말을 전하는 게 어떨까?

래프(Laugh)는 '좀 더 많이 웃을걸' 하는 후회다.

웃을 일이 생겨야 웃는 게 아니다. 웃으면 웃을 일이 생긴다. 항상 표정이 밝고 자주 웃는 사람은 아마추어가 아니라 프로다. 이런 사람 곁에는 사람들이 많이 모여든다. 모든 식물이 햇빛을 원하듯 사람들은 밝은 사람 곁에 가고 싶어 한다.

세상은 밝고 긍정적인 사람을 가만히 내버려두지 않는다. 더 좋고 훌륭한 자리를 내어준다. 그러니 잘 웃는 사람은 잘될 수밖에 없다.

런(Learn)은 '좀 더 배울걸' 하는 후회다.

이것은 꼭 학교 공부를 뜻하는 게 아니다. 배운다는 것은 어떤 식이든 알아채고 깨닫는다는 것을 의미한다. 깨달음이란 병아리가 알에서 깨어나듯 새로운 세상과 만나는 것을 말한다. 그 깨달음은 세상을 새롭게 바라보는 혜안을 준다. 그리고 그때 느끼는 카타르시스(Catharsis)는 행복감을 안겨준다.

08. 부족하든 풍족하든 인생은 완전하다

풍요롭게 존재할 것인가, 아니면 풍부하게 소유할 것인가? 대개는 풍부한 소유를 원하지만 우리는 이미 존재 자체로 빛나는 하나의 세계, 즉 별이다.

삶은 긍정적이지도 부정적이지도 않다. 삶은 그냥 삶이다. 다만 내 마음이 긍정 혹은 부정을 만들 뿐이다.

좋은 일과 나쁜 일 또한 없다. 이것 역시 내 마음이 좋은 일과 나쁜 일을 만드는 것이다. 널리 알려진 '새옹지마 (塞翁之馬)' 이야기를 떠올리면 좋은 일과 나쁜 일을 애써 구분할 필요가 없음을 깨달으리라. 새옹지마 이야기가 보여주듯 좋은 일은 나쁜 일의 원인이 되고, 나쁜 일은 좋은 일의 원인이 된다.

대다수가 싫어하는 '실패'에도 그것만이 줄 수 있는 교훈이 있다. 우리가 멀리하고 싶어 하는 시련, 슬픔, 고통은 사실 성장 신호다. 멈추지만 않으면 실패란 없다. 그러니 힘들고 고통스러워도 킵 고잉(keep going), 즉 계속 나아가라.

어느 심리학자가 90세 이상 노인들에게 물었다. 삶에서 가장 후회스러운 일이 무엇인가? 그들은 하나같이 자신이 한 일보다 하지 않은 일을 후회했다. 당신은 삶의 마지막에 어디에 서 있고 싶은가? 인생 마지막에 후회하지 않으려면 계속 나아가야 한다.

세상을 떠날 때 우리는 어떠한 물건도 가져갈 수 없다. 아끼는 가방을 잃어버렸는가? 괜찮다. 어차피 죽으면 이 세상에 놓고 가야 할 물건이다. 우리는 빈손으로 와서 빈손으로 떠난다. 물질보다 추억을 많이 쌓자. 당신이 떠나도 그 추억은 누군가의 기억 속에 남는다. 당신 역시 이 세상을 떠날 때 추억만 간직한 채 떠날 것이다.

삶은 여행과 같다. 인도 명상가 오쇼 라즈니쉬(Rajneesh Chandra Mohan Jain)는 이러한 묘비명으로 삶이 여행임을 알려주고 있다.

"태어나지 않았고 죽지도 않았다. 다만, 지구라는 행성에 잠시 다녀갔을 뿐이다."

인생 여행의 목적은 끝내는 데 있는 것이 아니라, 사랑하는 사람들과 흥미로운 풍경을 즐기고 맛있는 음식을 함께 먹는 여정에 있다. 음식은 좋은 사람들과 새콤달콤한 수다를 떨면서 즐겁게 먹어야 한다. 그 과정 자체가 모두 삶이다.

삶을 즐겨라. 우리 인생은 부족하든 넘치든 지금 그대로 완전하다. 넘치면 넘치는 대로, 부족하면 부족한 대로 온전하다. 30%를 채우면 채운 그대로 온전하고, 60%나 90%를 채우면 역시 채운 그대로 온전하다.

인생은 여정이기에 꼭 가득 채워야 온전하다고 생각하는 것은 착각이다. 모든 순간순간이 소중한 내 인생이다. 그리고 여행의 의미는 끝내는 것이 아니라 순간순간을 즐기는 데 있다.

95세가 된 어느 노인이 이런 말을 했다.

"마지막에 웃는 놈이 좋은 인생인 줄 알았는데, 살아보니 자주 웃는 놈이 최고의 인생이더라."

우린 이 말을 명심할 필요가 있다.

09. 일생에 한 번은 자신의 복근을 만나자!

내 몸은 내 영혼이 사는 집이다. 그 집이 튼튼해야 영혼을 위해 비바람과 더위와 추위를 막을 수 있다.

우리는 살아가면서 수많은 스트레스를 받지만, 몸의 컨디션이 좋으면 어렵지 않게 극복할 수 있다. 그와 함께 끈기, 인내, 창의성이 좋아진다. 당연히 행복지수도 높아진다. 그래서 재테크뿐 아니라 근테크도 반드시 해야 한다. 이것은 나이가 들수록 더욱더 필요한 일이다.

몸이 아프면 도전정신과 그릿(Grit, 성공을 끌어내는 열정과 끈기. 재능보다 노력의 힘을 강조하는 개념)이 작은 시련에도 쉽게 무너진다. 강한 멘털은 강한 체력에서 나온다.

운동은 몸뿐 아니라 멘털도 강하게 만든다. 운동하면서 부정적인 생각을 하는 건 쉽지 않다! 운동을 밥 먹듯 하는 것은 '나'라는 소우주를 유지하는 길이자 내 몸에 보이는 예의다.

운동으로 근육을 늘리는 것과 성장은 서로 닮았다. 근육을 키우는 것은 철저하게 자신과의 싸움이다. 세상에서 가장 이기기 힘든 상대가 자기 자신이라고 하지 않던가. 만약 자신을 잘 다스리고 넘어선다면 누구나 자신이 원하는 삶을 살 수 있을 것이다. 남과 비교해 더 잘 사는 삶이 아니다. 오로지 어제의 자신과 경쟁해 성장하는 삶이다.

성공보다 성장이 중요하다. 위대한 삶을 사는 사람, 성과를 낸 사람은 축적으로 임계점을 돌파한 사람들이다. 이들은 세상에서 가장 힘이 센 것은 '반복'이라는 것을 안다. 그런데 아마추어는 반복을 지겨워하고 힘들어한다. 반면 프로는 반복을 즐긴다. 그와 함께 그 섬세한 성장을 음미한다.

근육은 돈이 많다고 키울 수 있는 게 아니다. 이것은 오롯이 자신과의 싸움이다. 성장 역시 남이 해주는 것이 아니다. 스스로 해내는 것이다.

운동(헬스)과 성장에는 몇 가지 닮은 점이 있다.

첫째, 가벼운 아령으로는 근육을 키울 수 없다. 반드시 내게 좀 버거운 아령으로 운동을 해야 근육이 자란다. 성장도 마찬가지다. 정신적, 신체적 컴포트존(Comfort Zone, 안전지대)에서 벗어나야 성장한다.

둘째, 운동이나 헬스를 하고 근육통이 느껴지면 기뻐하라. 그건 근육이 자라고 있다는 성장 신호이기 때문이다. 내 한계를 넘어섰을 때부터 통증이 느껴지고 성장을 시작한다. 요즘 인간관계 때문에 아픈가? 그것은 당신이 상대방과 그 일을 진심으로 대했다는 의미다. 그 아픔이 내 그릇을 키운다. 그러니 아픔이 오면 기뻐하라.

셋째, 자신을 어떤 환경에 밀어 넣으면 뭐라도 하게 된다. 운동을 해야 한다는 것은 알지만 귀찮을 때가 있다. 그럴 땐 그냥 헬스장으로 가라. 생각이 핑계를 대기 전에 몸을 먼저 움직이는 것이다. 비가 오나 눈이 오나 그 환경으로 자신을 밀어 넣으면 뭐라도 한다. 성장도 마찬가지다. 나를 일에 밀어 넣어라. 축구로 성장하려면 축구장으로, 야구로 성장하려면 야구장으로 가듯 사업에서 성장하고 싶다면 성공 시스템이나 그 환경에 참여하라.

넷째, 코치나 멘토가 있으면 좋다. 무리해서 무작정 열심히 운동하면 근육이나 인대를 다칠 수 있다. 성공 분야에서도 무조건 들이대기보다 성공자의 조언을 듣는 것이 좋다. 그러면 시행착오가 대폭 줄어든다. 거인의 어깨에 올라타자!

생에 최고의 친구는 1명만 있어도 행복한 부자라고 한다. 그 최고의 친구는 누굴까? 바로 나 자신이다! 아무리 친한 친구가 있어도 나 대신 면접을 볼 수 없다. 아무리 가족일지라도 나 대신 아프거나 죽을 수 없다. 결국 내 생에 최고의 친구는 나 자신이다. 소중한 자신을 위해 평생에 한 번은 자신의 복근을 만나자!

천재란 그 분야에서 역대급에 오른 나를 만난 사람이다. 어제와 다른 나를 만나자. 어제보다 0.1% 더 성장한 나를 만나자! 그렇게 3년이 지나면, 그러니까 1,000일이 가면 내가 꿈꾸던 '100% 달라진 나'를 만날 것이다.

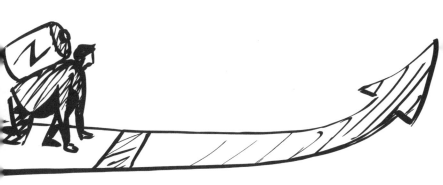

꽃 김춘수

내가 그의 이름을 불러주기 전에는
그는 다만
하나의 몸짓에 지나지 않았다.

내가 그의 이름을 불러주었을 때
그는 나에게로 와서
꽃이 되었다.

내가 그의 이름을 불러준 것처럼
나의 이 빛깔과 향기에 알맞은
누가 나의 이름을 불러다오.
그에게로 가서 나도
그의 꽃이 되고 싶다…

출처: [김춘수 시전집] 中에서

02

성공

성공이란, 실패에서 실패로
열정을 잃지 않고 나아가는 것이다.

윈스턴 처칠

02

성공

01. 성공의 최소율 법칙

'비료의 아버지'로 불리는 독일 화학자 유스투스 폰 리비히(Justus Freiherr von Liebig)가 발표한 법칙 중에 최소율의 법칙(최소량의 법칙)이 있다. 이것은 10대 필수영양소(탄소, 수소, 산소, 질소, 인산, 유황, 칼륨, 칼슘, 마그네슘, 철) 중 식물의 성장을 좌우하는 것은 과잉 영양소가 아니라 부족한 영양소라는 것이다. 그러니까 10대 영양소가 아무리 넘쳐나도 그중 단 한 가지가 부족하면 식물이 제대로 자랄 수 없다는 말이다.

이 법칙은 다양한 분야에 적용할 수 있다. 가령 예전에 쓰던 두레박은 나무판을 길게 잘라서 만들었는데 그 두레박에 담을 수 있는 물의 양은 가장 긴 나무판이 아니라 가장 짧은 나무판이 결정했다.

우리 몸도 마찬가지다. 간, 폐, 장, 심장이 모두 튼튼해도 콩팥 하나가 망가지면 건강한 사람이라고 할 수 없다.

성공도 그렇다. 성공에도 최소율의 요소가 존재하는데 나는 이것을 '아싸키(Assakey)'라고 부른다. 구름 위의 삶을 살고자 하는 사람에게는 각자 자신이 원하는 미래의 드림 카(Dream car)가 있을 것이다. 지금부터 그 차에 시동을 걸 수 있는 아싸키(Assakey)를 살펴보자.

첫 번째, 목표(Aim)다. 사람에게는 반드시 꿈과 목표가 있어야 역동적이고 생동감 있게 살아갈 수 있다. 과녁이 있어야 화살을 쏠 게 아닌가. 수레를 끄는 소도 갈 곳이 있어야 발걸음을 옮긴다.

우리 삶엔 목표가 필요하다. 가슴속 '신념의 알'이 바로 목표다. 아침에 눈을 떠야 하는 이유를 찾자. 안타깝게도 요즘 20대 사이에 유행하는 '5포 세대' '7포 세대'라는 말은 희망과 꿈을 포기했다는 의미다. 20대에 벌써 연애, 결혼, 출산, 집, 차를 포기했다는 가슴 아픈 말이다.

꿈이 없는 삶은 죽은 삶이다. 20대에 꿈을 잃으면 이미 20대에 죽고 몸만 80대에 묻힐 뿐이다. 젊어도 꿈이 없으면 영혼에 주름이 지기 시작한다. 60대가 넘었어도 꿈이 있는 사람은 젊게 살아간다.

꿈이 있는 사람과 없는 사람은 시간의 밀도 자체가 다르다. 그 차이가 하루하루 누적되면 나중에 엄청난 차이로 벌어진다. 꿈은 빼앗기지도, 놓치지도 말자. 아니, 목숨처럼 지키자.

두 번째, 성공 시스템(success system)이다. 서울에서 부산까지 가는 방법은 다양하다. 기차, 자동차, 자전거 같은 이동 수단을 이용하거나 아니면 걸어갈 수도 있다. 이 중 가장 빠른 방법은 비행기를 타는 것이다. 이를 두고 성공할 수 있는 환경, 즉 "시스템에 올라탄다"라고 말한다.

탁구를 30년 친 동호회 회장과 3년 훈련한 국가대표 선수 중 누가 더 탁구를 잘 칠까? 당연히 국가대표 선수다. 잘 갖춰진 시스템에 따라 체계적, 전문적으로 배웠기 때문이다.

성공하고 싶은가? 꿈을 이루고 싶은가? 그러면 자신을 성공 시스템과 환경에 노출하라! 성공 시스템에 참여하라! 그곳에서 오감으로 느끼며 잠재의식의 바다에 흠뻑 빠지자!

세 번째, 행동(action)이다. 누구나 서울대에 가는 방법을 안다. 다이어트를 하는 방법도 안다. 자기 분야에서 성공하는 방법 역시 알고 있다. 몰라서 성공하지 못하는 게 아니다. 다만, 행동하지 않을 뿐이다. 결국 관건은 '행동'이다.

세상에는 두 부류의 사람이 있다. 알고 행동하는 사람과 알고도 행동하지 않는 사람이다. 성공자와 실패자를 나누는 것은 행동하느냐, 행동하지 않느냐이다. 그것도 전심전력(全心全力)해야 한다.

전심전력하지 않으면 아프리카 사자도 굶어 죽는다. 초원에 아침이 오면 가젤도 달리고 사자도 달린다. 사자는 한 끼 식사를 위해 달리고, 가젤은 죽지 않기 위해 달린다. 누가 더 절실할까? 목숨이 걸린 가젤이다. 번번이 먹잇감을 놓친 사자는 점점 기운을 잃고 결국 굶어 죽는다. 행동하자! 전심전력을 다하자! 지구는 행동해야 하는 별이다. 행동해야 삶을 이어가고 꿈도 이룰 수 있다.

네 번째, 지식(knowledge)이다. 지식이 없으면 낚싯대를 들고 산으로 갈 수도 있다. 자기 분야에서 성공하려면 반드시 지식이 필요하다. 관련 분야 지식을 폭넓고 깊게 배워야 한다.

지식을 적당히 갖추면 적당히 성공할 뿐이다. 탁월한 지식을 갖춰야 탁월한 성과를 낼 수 있다. 꾸준히, 끊임없이 배우자. 알다시피 시대가 눈부시게 변화 발전하고 있다. 계속해서 배우지 않으면 따라가기도 벅차다. 안일하게 있다가 정보의 파도 속에 빠져 허우적대지 말고 신지식을 배워 멋지게 윈드서핑을 하자!

다섯 번째, 끈기(endurance)다. 사실 끈기는 모든 분야에서 요구하는 자질이다. 아쉽게도 많은 사람이 성과를 내기도 전에 포기한다. 물은 절대 99도에서 끓지 않는다. 반드시 100도까지 가야 끓는데, 끈기를 발휘해 거기까지 가는 사람이 많지 않다. 99도와 100도는 겨우 1도 차이지만 그 결과는 하늘과 땅 차이만큼 막대하다. 1도만 낮아도 물은 끓지 않는다. 100도까지 가자. 끈기를 발휘하자. 포기하는 걸 포기하자! 일단 정한 것은 반드시 이뤄 뇌를 성공자의 뇌로 바꾸자!

여섯 번째, 예스(yes)다. 긍정적으로 생각하고 긍정적으로 답하자. 당신은 할 수 있는가? 예스! 그렇게 예스라고 하는 순간 당신의 뇌에 불이 켜진다. 예스는 성공 스위치다. 반대로 노(No)는 실패 스위치다. '노'라고 하는 순간 뇌의 불은 꺼진다. 남들은 불가능하다고 하더라도 예스라고 답하라. 어떤 상황에서도 예스를 외치자!

목표, 성공 시스템, 행동, 지식, 끈기, 예스라는 성공의 여섯 가지 아싸키 중 단 하나라도 없으면 최소율의 법칙에 따라 성공하기 어렵다. 성공의 아싸키 요소를 골고루 갖추자. 아싸키를 가지고 출발하면 그 무엇도 당신의 앞길을 가로막지 못한다. 자, 아싸키로 시동을 걸고 출발하자!

02. 집단 지성의 힘으로 성공한다

우리는 혼자서 성공할 수 없다. 누군가가 성공해서 구름 위의 삶을 살고 있다면 대개 여러 사람의 협력으로 성공했을 가능성이 크다. 물론 세일즈와 자영업은 다방면으로 두루두루 잘 해내는 개인의 역량이 무척 중요하다. 예를 들어 식당 경영자는 메인 음식 맛부터 밑반찬, 데코레이션 감각, 홀 서비스, 직원 관리, 홍보 마케팅까지 모든 분야에서 스스로 역량을 발휘해야지 하나만 잘해서는 성공할 수 없다.

반면 집단 지성의 힘으로 일하는 방식에서는 개개인이 각자 잘하는 것만 잘 하면 그만이다. 사람은 누구에게나 강점이 하나씩은 있게 마련이다. 혼자 있을 때는 그 강점이 쉽게 부서지고 묻히지만, 각자의 강점을 합치면 '강점 혁명'을 일으킬 수 있다. 평범한 개인도 마찬가지다. 그동안 혼자 능력과 열정을 다 쏟았어도 성공하지 못했다면 집단 지성의 지혜를 모아보자! 연약한 촛불 하나가 있을 때는 바람에 쉽게 꺼지지만, 그 작은 불씨가 합쳐져 산불이 되면 바람이 불수록 더 활활 타오른다. 그 위력은 가히 태산도 태울 정도다. 어떤 일, 어느 분야에서든 집단 지성의 힘으로 강점 혁명을 일으킨다면 훨씬 더 큰 성과를 낼 수 있을 것이다. 이는 수많은 조직이 원하는 바지만 쉽게 이뤄지지 않는데, 여기에는 그만한 이유가 있다.

첫째는 중심이 잡혀 있지 않아서다. 집단으로 모여 사는 개미와 벌은 여왕개미, 여왕벌을 중심으로 집단 지성을 발휘해 각자의 역할을 수행하며 성장 역사를 이어간다. 마찬가지로 잘되는 조직과 팀은 반드시 중심을 잘 갖추고 있다. 이와 달리 중심이 없는 조직은 지지부진하다가 결국 분열하고 만다.

둘째는 조직문화에 겸손이 부재해서다. 밤하늘의 별이 빛나는 것은 주변이 어둡기 때문이다. 리더는 주변의 희생과 봉사가 있기에 자신이 빛난다는 것을 알아야 한다.

그만큼 리더는 항상 겸손해야 한다. 또한 리더는 자신이 수많은 사람의 노력으로 쌓아 올린 토산 위에 서 있다는 생각으로 사람들을 존중하고 더욱 섬겨야 한다. 그렇지 않으면 언제 토산이 무너질지 모른다.

안타깝게도 어느 조직이나 팀에든 있는 척, 아는 척, 잘난 척하는 '삼척동자'가 꼭 있게 마련이다. 그런 사람은 집단 지성을 무시하고 '나를 따르라'는 성향을 강하게 드러낸다. 이는 특히 리더가 반드시 지양해야 하는 자세다. 흔히 하는 말 중에 'B급 인재론'이라는 것이 있다. 이는 리더가 B급이면 그 아래에 B급 이하, 그러니까 C, D, E, Z… 인재만 들어가지 A급 인재는 들어가지 못한다는 의미다. A급 인재는 자신보다 그릇이 작아 종지 같은 리더에게 잘 적응하지 못할뿐더러 빈번하게 갈등을 겪는다. 이것은 마치 맥주잔이 소주잔에 들어갈 수 없는 것과 마찬가지다. 그리고 B급 리더는 자기보다 잘난 A급 인재를 늘 탐탁지 않게 생각한다. 이러한 시기, 질투로 인해 A급 인재는 결국 B급 리더를 떠난다.

어쨌든 개인의 재능은 전체를 절대 이길 수 없다. 아리스토텔레스는 "전체는 부분의 합보다 크다"라고 했다. 조직에서 누구는 머리 역할을 하고 누구는 가슴 역할을 하고 또 누구는 눈, 코, 입, 귀, 팔다리 등 각자의 역할에 충실함으로써 거인이 만들어진다. 우리가 초유기체 거인이 되면 그다음엔 그 거인의 어깨에 함께할 협력자를 하나씩 태우기만 하면 된다. 그 거인은 우리를 목적지까지 안전하고 신나게 데려다줄 것이다.

03. 실패는 곧 성공이다!

실패는 없다. 다만 포기하는 것뿐이다. 포기하지만 않으면 삶의 기회는 언제든 다시 찾아온다. 같은 맥락에서 실패는 곧 성공이다. 실제로 내가 지금껏 경험한 모든 실패는 결국 성공으로 이어졌다.

나는 고등학교를 졸업하고 안동에서 이런저런 사업을 했다. 태양열 대리점, 밤 유통, 유통 비즈니스 등. 더러 일이 잘 풀리는 때도 있었지만 그렇지 않은 때가 더 많아 사업을 접고 서울로 올라왔다.

그때 내가 가장 먼저 선택한 일은 오다리, 순대, 떡볶이, 호떡 노점상이었다. 그렇게 돈을 좀 모으고 누나의 도움을 받아 자동차 도색 사업을 시작했다. 차에 난 흠집을 고치고, 찌그러진 부분을 복원하고, 차에 광택을 내주는 가게였다.

가게는 공항로 입구에 있었고 나는 업계 최초로 24시간 영업을 시도했다.

'차를 저녁에 맡기고 아침에 찾아가세요'

아이템이 독특해서 그런지 잘 됐다. 덕분에 나는 가게를 하나 더 냈다. 전국 700여 개 가맹점 중 1위를 하며 〈매일경제〉에 '20대 나이에 사업 5전 6기, 김영삼 씨'라는 타이틀 아래 청년창업 성공 사례로 실리기도 했다.

그런데 시작할 때 지역에 3곳에 불과하던 동종업종이 3년 만에 30곳으로 늘어났다. 가격파괴를 감행하며 버텼으나 결국 고정비인 직원 월급마저 감당하지 못해 문을 닫았다. 하루 3~4시간 자면서 청춘을 갈아 넣은 사업이 무너진 것이다.

그 후 아무것도 손에 잡히지 않던 6개월 동안 그저 죽고만 싶었다. 한겨울 한강 변에 앉아 물을 바라보며 내내 죽음을 생각했다. 바로 앞에 양화대교가 보였다. 양화대교를 걸어가는데 왜 그리 바람이 심하게 불던지. 다리 가운데에 서서 한강을 바라보니 왈칵 눈물이 솟았다. 내 맘을 아는지 모르는지 한강은 도도히 흘러갔다. 그때 이런 생각이 머리를 스쳤다.

'만약 뛰어내렸는데 바로 죽지 않고 추위에 덜덜 떨다가 얼어 죽으면 그 시간 동안 얼마나 고통스러울까? 에잇, 날이 풀리는 봄에 다시 와서 뛰어내리자.'

발길을 돌린 나는 그래도 먹는장사는 남는다는 소리에 식당을 차리기로 마음먹었다. 어디서 배우지? 마침 인천에서 대로를 지나는데 건너편에 있는 160평 규모의 갈빗집이 눈에 들어왔다. 좋아, 저기서 배우자. 나는 그곳에 불판닦이로 들어가 7개월 만에 그 가게를 인수했다. 은행

대출금에 가족의 도움을 보태 인수했는데 안타깝게도 파리가 날렸다.

현타가 왔다. 음식 맛이 시원찮아서가 아니라 홍보가 제대로 이뤄지지 않은 탓이었다. 궁리 끝에 고등학교를 졸업하고 2년간 경험한 아파트 목수 일의 특기를 살려 시골에서 쓰는 지게를 만들었다. 그리고 머리 위 2미터 높이에 직사각형 합판을 걸어 100미터 밖에서도 보이도록 했다.

그 합판에 식당 이름을 크게 써 붙이고 '저희 가게로 오세요. 맛과 서비스가 끝내줍니다'라는 문구도 덧붙였다. 그 지게를 지고 매일 아침 8~9시에 출근차가 볼 수 있게 가게 앞 큰 사거리에 서 있었다. 비가 오든 바람이 불든 늘 그 시간, 그 자리에. 오후 2~5시 브레이크 타임(break time)에는 지게를 지고 동네 골목골목을 누비고 다녔다.

내 정성이 통했는지 3개월이 지나자 썰렁하던 가게에 손님이 늘어나면서 바글바글 북새통을 이뤘다. 성공의 여신이 나를 보고 웃는 듯했다. 1년 정도 장사가 굉장히 잘 됐다.

그런데 호사다마(好事多魔)라고 했던가. 바로 앞 횡단보도 건너편 2층에 새로 갈빗집이 하나 생겼다. 좀 더 지나자 택지 개발이 이뤄지면서 200평 규모의 갈빗집이 하나 더 늘었다. 더구나 당시 왕갈비가 1인분에 11,000원이었는데 9,900원으로 내려서 판매하는 게 아닌가. 결국 3년을 버티다 접을 수밖에 없었다.

많은 직장인이 규모가 좀 작아도 내 가게를 하나 차리고 싶다는 꿈을 꾼다. 나 역시 자영업으로 성공하려 했으나 잘나가다 거대 자본에 먹혀버리는 경험을 했다. 어쨌거나 망했다. 나는 쓰린 속을 달래며 송파구의 작은 연립에 월세로 들어갔다. 빚이 5억이 넘었다. 압류 딱지까지 붙었다. 한번은 소주를 먹고 남산에 올라가 서울 전경을 바라보며 한탄했다.

"저렇게 많은 아파트와 건물과 땅이 있는데…. 흑흑."

나는 20여 년 동안 청춘의 열정과 패기를 갈아 넣었어도 내게 땅 한 뼘조차 남지 않았다는 사실에 가슴이 아팠다.

그래도 그 실패는 커다란 '삶의 거름'으로 작용했다. 한쪽 문이 닫히면 반드시 다른 쪽 문이 열리게 마련이다.

실패는 내게 또 다른 사람과 환경을 만나게 해주었다. 덕분에 그동안의 노하우를 기반으로 창업한 회사를 동종업계 5,900여 개 업체 중 순위 10위 안의 기업으로 성장시켰다.

나는 실패했기에 그다음 성공을 이뤄낼 수 있었다. 실패는 번영의 씨앗을 품고 있다.

04. 실패는 멈추면 돌이지만 계속 나아가면 황금이다

끝내 사라질 것 같지 않던 어둠도 다음 날 아침이면 붉은 열정을 품고 떠오른 태양에 밀려난다. 아무리 맹위를 떨치던 겨울도 때가 되면 물러선다. 그리고 그 자리에 초록의 희망을 품은 봄이 찾아와 싹을 틔운다.

46억 년을 이어온 지구 역사는 언제나 그 질서를 지켜왔다. 그래서 감사하고 희망적이다. 내리막길이 있으면 오르막길도 있다는 걸 보여주고 있으니까. 어둠이 깊으면 빛 역시 그만큼 더 강렬하다는 것도. 인생길은 사이클을 타기에 잘나간다고 자만할 것 없고, 힘들다고 좌절할 것도 없다.

더구나 우리가 지구에 머무는 시간은 길어야 100년이다. 지구 역사를 돌아보면 100년은 그야말로 눈 깜짝하는 순간에 불과하다. 그 찰나의 순간에 우리는 온갖 경험을 한다. 모든 것이 흘러가고 난 뒤에는 어쩌면 슬픔조차 그리워질지 모른다. 고통마저 아름답게 느껴질 수 있다.

여하튼 너무 심각하게 고민하지 말자. 가능하면 삶을 즐기자. 우린 이 땅에 기적처럼 온 존재다. 46억 년 지구 역사 동안 탄생이 탄생을 낳고, 대자연이 한 치의 흐트러짐 없이 이어진 덕분에 지금 우리가 이 모습으로 지구에서 호흡하는 것이다. 그 역사를 곰곰 되짚으면 기적이다 싶지 않은가. 그것만으로도 감사해야 하지 않을까?

인생길은 그리 다정다감하지 않다. 우린 때로 넘어지고 좌절한다. "인생이 어쩜 이렇게 쉬울까"라고 말하는 사람을 본 적 있는가? 누구나 인생길을 걷다가 넘어진다. 그러니 넘어지는 것을 두려워하지 말자. 오히려 일어서지 못하는 것을 두려워하자.

때로는 아주 혹독한 시련이 우리를 넘어뜨리기도 한다. 그럴 땐 두 눈에서 고통의 눈물이 뚝뚝 흐른다. 설령 그럴지라도 두 손에 경험이라는 돌을 쥐고 그냥 일어서자. 그리고 계속 걷자! 넘어지면 무의식적으로 다시 일어나 걷겠다고 다짐하자.

성공하지 못할까 봐 두려워하지 말고 멈추는 것을 두려워하자. 일어서지 못하고 멈추면 실패는 돌이지만, 계속 나아가면 그 돌은 황금으로 바뀐다. 인생길엔 유턴이 없다. 그냥 앞으로 나아가자. 어차피 앞으로 가는 길밖에 없으니.

05. 시련은 성장의 디딤돌

살다 보면 누구나 크고 작은 시련을 겪는다. 사람들은 대개 그 시련을 고통으로 받아들인다. 그러나 시련에 따른 스트레스는 우리를 성장하게 하는 명약이다. 영국 역사가 아널드 토인비(Arnold Joseph Toynbee)는 편안함에 안주하는 것의 위험성을 역설하며 청어와 물메기 이야기를 즐겨 했다고 한다.

영국인은 청어를 밥상 요리 중 최고로 친다. 많은 사람이 싱싱한 청어를 먹고 싶어 했으나 북해에서 잡은 청어는 성질이 급해 런던까지 오는 도중 대다수가 죽었다. 죽거나 얼려서 가져온 청어는 가격이 쌌다.

그런데 같이 조업을 나간 배 중에 늘 살아 있는 청어를 항구까지 가져오는 어부가 있었다. 사람들은 그 청어잡이에게 몰려들었고 값이 세 배 이상 비쌌어도 날개 돋친 듯 팔렸다.

다른 어부들이 '이번엔 운이 좋았겠지' 했지만, 그 어부는 다음 날도 또 그다음 날도 싱싱하게 살아 있는 청어를 항구까지 가져왔다. 그런 일이 반복되자 다른 어부들은 그에게 비결을 알려달라고 청했다. 과연 그 비결은 무얼까? 어부들의 집요한 설득 끝에 그가 털어놓은 비결은 간단했다. 청어를 잡아둔 배의 수족관 안에 물메기를 같이 넣는 것.

물메기에게 잡아먹히지 않으려고 이리저리 피하느라 바빴던 청어가 스트레스를 받을 틈이 없어 싱싱하게 살아 있는 상태로 항구에 도착한 것이다.

아널드 토인비는 그의 책 《역사의 연구》에서 "인류 역사는 도전과 응전의 역사다"라고 말했다. 이를 뒷받침하는 것 중 하나가 세계 4대 문명 발상지 중 하나인 황허강이다. 중국 양쯔강은 비옥하고 환경이 좋은 반면, 황허강은 범람이 잦고 기후도 좋지 않다. 그러나 인류는 지속적인 도전과 응전으로 황허강에서 빛나는 문명을 탄생시켰다.

살아 있는 모든 것은 스트레스를 받는다. 죽음을 맞이해 돌이나 나무토막처럼 굳어버린 사람에게는 스트레스가 없다. 죽은 물고기는 강을 따라 흘러가고 살아 있는 물고기는 강을 거슬러 올라간다. 죽은 새는 바람에 날려 떨어지고 살아 있는 새는 바람의 역풍을 타고 창공으로 날아오른다. 떨어져 나간 죽은 꽃잎은 바람 따라 흩날리지만 살아 있는 꽃잎은 성장하며 미래의 희망 씨앗을 잉태한다. 결국 스트레스는 살아 있음을 보여주는 상징이다.

인간의 모든 행동에는 스트레스가 따른다. 가령 먹는 행동은 치아나 위장에 스트레스다. 무언가를 보는 것은 눈에 스트레스다. 하지만 보고 듣고 먹고 느끼지 않으면 인간의 모든 기능은 퇴화한다.

생각 역시 우리에게 스트레스를 준다. 쇠의 녹이 쇠에서 나왔어도 그 쇠를 갉아먹듯 생각이 주는 스트레스도 마찬가지다. 그 스트레스(stress)를 스트렝스(strength)로 바꿀 수는 없을까? 스트레스를 성장의 힘으로 바꾸자는 말이다.

이를 위해서는 스트레스를 바라보는 시각부터 바꿔야 한다. 사람들은 대개 어떤 일이 생기면 부정적인 면을 먼저 바라본다. 예를 들어 사고로 다리가 부러지면 재수가 없었다고 생각한다. 오히려 '이만하길 다행이다' '좀 쉬어 갈 시간이 생겨서 좋네'라고 생각하는 건 어떨까? 갑자기 회사에서 퇴직하면 '자기계발을 해서 더 나은 회사에 갈 기회가 생겼다'라고, 피치 못해 이혼하면 '다시 결혼할 기회가 생겼네'라고 생각하자.

어떤 상황에 놓이면 그림자가 먼저 보일 수 있다. 그러나 그림자가 생기는 것은 그 반대 방향에 빛이 있기 때문이라는 것을 기억하자. 사람들은 대부분 그림자가 주는 슬픔, 좌절, 고통의 껍질에 싸여 웅크리기에 그 반대편의 빛을 바라보지 못한다. 그 빛은 두 눈이 아니라 마음의 눈, 즉 통찰의 눈으로 봐야 보인다.

06. 상처는 성장의 발로(發露)이자 성공의 심볼

내 몸에는 어릴 적 다쳐서 생긴 상처가 몇 개 있다. 그 상처는 세월이 흘러도 지워지지 않는다.

첫 번째는 오른쪽 손가락이다. 어릴 때 용돈이 궁했던 나는 약초를 캐서 팔거나 개구리와 뱀을 잡아서 팔았다. 당시에는 그런 것을 사고파는 것이 흔했다. 가장 좋은 용돈벌이 대상은 뱀이었다. 사람들은 보통 뱀을 보면 피해 갔지만 우리는 어릴 때부터 뱀을 보면 "돈이다!" 하면서 먼저 잡기 위해 앞다투어 달렸다.

한번은 운동회 전날 독사를 한 마리 잡았다. 어찌나 행복하던지 그날 밤 설레서 잠이 잘 오지 않았다. 그날은 뱀을 팔아 운동회 때 먹을 눈깔사탕, 어묵, 솜사탕을 기대하며 잠을 잤다. 다음 날 일찌감치 일어난 나는 항아리에서 뱀을 꺼내 비닐봉지에 담은 뒤 가방에 넣었다. 그리고 버스를 타고 학교가 있는 면소재지로 갔다.

친구 몇 명과 함께 버스에서 내린 나는 친구들에게 "뱀을 팔아 눈깔사탕, 솜사탕 사줄게" 하고 말하며 아스팔트 길을 걸어갔다. 운동회 날이라 그런지 도로에 학부형과 아이들이 많았다. 이윽고 뱀 가게에 다다른 나는 뱀이 잘 있는지 보려고 가방 지퍼를 열었다. 그런데 그 순간 독사가 아스팔트에 툭 떨어지는 게 아닌가. 아뿔싸! 비닐봉지가 제대로 묶이지 않은 것이었다. 뱀은 먼저 한 발로 꼬리를 밟고 나머지 발로 몸통을 훑어 머리를 밟은 뒤 목덜미를 잡으면 맨손으로 수백 마리를 잡아도 물리지 않는다. 그러나 그날 뱀이 바닥에 떨어졌을 때는 머릿속에 만감이 교차했다. 그걸 많은 사람이 쳐다보는 상황이라 어린 마음에 부끄럽다는 생각이 들었다. 또한 저 뱀을 놓치면 눈깔사탕과 솜사탕이 모두 날아간다는 생각이 뇌리를 번쩍 스쳤다. 그때 나는 순간적으로 절차를 무시하고 오른손으로 곧장 독사의 목덜미를 잡았다. 아차차! 독사는 즉각 이빨로 내 오른쪽 검지를 물어버렸다. 따끔한 느낌에도 뱀을 잡아 그대로 달린 나는 뱀을 통에 넣고 뱀 가게 아주머니한테 뱀에게 물린 사정을 이야기했다. 급히 주황색 바가지에 따뜻한 물을 떠 온 아주머니는 물린 손가락을 잡고 날카로운 칼로 스윽스윽 여러 번 베더니 따뜻한 물에 손가락을 담갔다. 신기하게도 빨간 피와 함께 독사의 노란 빛 독이 기름처럼 둥둥 떠올랐다. 그런 다음 아주머니는 민간요법에 따라 돼지비계를 상처 난 곳에 올리고 고무밴드로 묶어주었다.

그렇게 운동장으로 가서 한창 경기와 응원에 몰두하는데 갑자기 속이 매스꺼웠다. 손을 봤더니 물린 자리가 퍼렇게 붓고 오른팔 전체가 팅팅 부어올랐다. 도저히 안 될 것 같아 결국 보건소를 찾았고 혈청주사를 맞고서야 살아났다. 독사에게 물려 죽을 뻔한 나는 집에 돌아가 엄마한테 쓸데없는 짓 한다고 맞아 죽을 뻔했다. 두 번 죽을 뻔한 셈이다. 지금도 비가 오는 날이면 오른쪽 검지가 시큰거린다. 일기예보가 궁금하면 나한테 물어보라. 비교적 정확하다.

그 일로 난 두 가지 교훈을 얻었다. 방심하지 말자! 그리고 절차대로 하자!

사고는 대부분 방심하는 순간 일어난다. 귀찮거나 급하다고 절차대로 하지 않아도 역시 사고가 난다. 어린 시절의 따끔한 경험 덕에 내게는 버릇이 하나 생겼다. 가끔 혼자 되뇐다. 방심하지 말자! 절차대로 하자! 장거리 운전을 할 때도 상처가 있는 검지를 만지며 그 말을 되뇐다. 독사에게 물린 상처는 지금까지도 내게 삶의 지혜를 주고 있다.

두 번째는 오른쪽 팔뚝에 난 스크래치다. 고3 때 나는 반장을 맡았고 1학기, 2학기 장학금도 탔다. 공부를 대단히 잘한 것은 아니지만 그래도 열심히 했다. 곧 대학교를 가야 하는데 가정 형편이 좋지 않았다. 그때 나는 '내 형편에 4년제는 사치이니 2년제를 졸업해 빨리 돈을 벌자'라고 생각했다. 그렇게 대학에 합격한 뒤 어머니에게 "등록금만 내주세요"라고 했는데 어머니는 선뜻 승낙했다. 그러나 여러 날이 지난 후 어머니가 나를 부르더니 슬픈 표정으로 도저히 힘들겠다고 했다. 7남매를 홀로 키우다시

피 하면서 고생고생한 어머니를 곁에서 지켜본 나로서는
아무 말도 할 수가 없었다. 원망조차 내겐 사치였다.

며칠 뒤 나는 한동안 집에 올 수 없을 것 같아 필요한 옷
가지를 가방에 잔뜩 챙겼다. 그리고 어머니에게 큰절을
올렸다. "꼭 성공해서 돌아오겠습니다." 그 길로 대구에
간 나는 친구의 자취방에 얹혀살았다. 친구들은 대학교
에 다녔고 난 막노동을 시작했다. 그렇게 막노동을 시작
으로 2년간 아파트 건설 현장에서 목수 일을 했다.

한 층에 철근을 감싸는 거푸집을 지으면 시멘트를 부어
양생한다. 양생이 끝나면 벽면부터 천장까지 철거한다.
한번은 천장에서 떨어진 자재가 머리를 내려쳤는데 목이
옆으로 돌아갈 정도로 충격이 컸다. 그때 안전모를 쓰지
않았다면 아마 크게 다쳤을 것이다. 철거한 자재는 다음
층을 공사하기 위해 위층으로 올린다. 1층에 있던 자재를
2층으로, 2층에 있던 자재를 3층으로 올리는데 보통 베
란다 쪽에 서서 받아 올린다. 그냥 서 있기도 힘든 한여
름 뙤약볕에서 일을 하면 숨이 목까지 차오르지만 쉴 수

가 없다. 팀을 짜 함께 일하기 때문이다. 여기에다 자칫 위에서 자재를 놓치면 밑에 있는 사람이 다치는 사고로 이어질 수 있어서 늘 긴장해야 하는 악조건이었다.

어느 날 나는 발바닥이 따끔해서 깜짝 놀라 주저앉았는데 알고 보니 대못을 밟은 것이었다. 그 정도로는 병원에 가지도 않았다. 목수 일을 하는 사람에게 못이 발바닥을 뚫고 들어오는 일은 허다하다. 오른쪽 팔뚝에 스크래치를 남긴 그날, 한여름 불볕더위에 사람 키보다 더 큰 합판을 들고 계단을 오르던 중 앞서가던 동료가 합판을 놓치고 말았다. 그 큰 합판이 뒤따라 올라가던 내 얼굴을 덮치려는 순간 나는 오른팔로 그걸 막았다. 뼈는 부러지지 않았으나 상처는 깊었다.

지금도 오른팔에 상처가 선명히 남아 있다. 그 상처는 가난 탓에 20대 초반에 남들처럼 대학에 다니지 못하고 막노동을 해야 했던 청년의 아픈 기록이자 반드시 성공하고 말리라는 외침의 흔적이다.

세 번째는 자동차 도색 가게를 운영할 때 생긴 상처다. 내가 안동에서 서울로 올라와 처음 한 일은 순대, 호떡, 오다리를 파는 노점상이었다. 우선 막노동을 해서 번 돈으로 작은 푸드 트럭을 샀다. 그때 이곳저곳을 돌며 장사했는데 그래도 '서울' 하면 강남이라 생각해 사전답사를 해보니 강남역 7번 출구 쪽은 노점을 허용했다.

그 빈자리에 차를 세우고 장사를 시작했는데 문을 열자마자 오다리 몇 봉이 팔렸다. 그런데 곧바로 텃세를 부리는 사람들이 나타났다. 주변 노점 상인들이 자신들의 허락을 받지 않고는 절대 장사할 수 없다는 것이었다. 그들은 강제로 문을 내리려 했고 자기 가게에 손님이 오면 갔다가 없으면 다시 와서 장사를 방해했다. 나는 미소를 잃지 않고 사정했다. 계속해서 장사 좀 하게 해달라고 부탁했다. "똑같은 품목이 없으니 좀 하게 해주세요." 두세 시간이 넘도록 끈질기게 사정해도 그들은 완강했다. 결국 내가 단념하고 "알겠습니다. 제가 다른 곳에 가서 하겠습니다"라고 미소 지으며 인사하자 한 아주머니가 말했다.

"참 이상한 청년이네. 다른 사람들은 안 된다고 하면 큰 소리치고, 멱살 잡고, 싸움을 하다가 가는데. 대단한 청년이네." 그 한마디에 용기를 얻은 나는 이후 관악구 신림동, 영등포 목동 시장 통로로 옮겨 다니며 장사를 해서 돈을 모았다.

그 뒤 자동차 도색 가게를 차렸다. 드디어 사업다운 사업을 시작한 셈이었다. 어엿하게 내 가게를 얻어 떳떳하게 장사할 수 있어서 기뻤다. 그러던 어느 날 공업용 드라이기로 작업을 하는 중에 사고가 났다. 공업용 드라이기는 어지간한 납과 쇠도 녹일 정도로 온도가 높다. 그날 작은 쇳조각 하나가 드라이기에 녹아 내 손등에 떨어졌는데 그것이 치~익 하면서 살을 파고들어 갔다. 그런데 이상하게도 털어내고 싶지 않았다. 살 타는 냄새와 연기가 콧속으로 들어가고 쇠가 계속해서 살 속으로 파고드는 게 눈에 보였다. 그때 나는 '동맥까지 타고 내려가면 안 되는데' 하면서도 이를 악물고 끝까지 지켜봤다. 무슨 심산인지 그걸 지켜보고 싶었다.

그 순간 눈물이 왈칵 쏟아졌다. 그 느낌 그대로 나는 굳게 다짐했다. '서울에서 난 반드시 살아남는다. 아니, 난 반드시 성공한다.' 그만큼 성공하고 싶은 마음이 간절했다. 어떠한 시련이 닥쳐도 피하지 않고 맞서서 이겨낼 결심이었다. 지금도 내 왼쪽 손목에 그때 얻은 깊은 상처가 남아 있다. 가끔 담배빵이냐는 질문을 받기도 하는데 그럴 때마다 나는 영광의 상처라고 대답한다.

마지막 상처는 배 가운데에 있다. 도색 사업을 시작한 초기, 업계 최초로 24시간제를 도입해서 그런지 꽤 잘나갔다. 사업이 성장하는 게 눈에 보이자 나는 신정동에 가게를 하나 더 냈다. 하루를 정신없이 보내다 보니 하루에 잠을 3~4시간만 자는 날도 부지기수였고, 심지어 밤을 새우는 날도 많았다.

어느 날 작업이 새벽 3시까지 이어졌는데, 갑자기 송곳으로 배를 찌르는 듯한 심한 복통이 느껴지면서 나는 데굴데굴 굴렀다. 아무리 애를 써도 진정되지 않았고 결국

119의 도움을 받아 목동 이대병원 응급실로 갔다. 엑스레이를 찍어도 통증의 원인은 밝혀지지 않았다. 일단 진통제를 복용하고 진정되길 기다리며 몇 시간이 흘렀다. 야속하게도 고통은 점점 더 심해졌고 나는 나도 모르게 큰 소리로 애국가를 불렀다. '혹시 지옥이 있다면 이런 고통을 겪겠구나' 싶었다. 결국 의사는 하얀 액체를 먹게 한 뒤 다시 엑스레이를 찍었다.

심한 복통의 원인은 위천공이었다. 위에 구멍이 나서 이물질이 다 새어나온 것이었다. 나는 급히 봉합 수술에 들어갔고 며칠 후 퇴원했다. 그 당시 나는 술을 거의 마시지 않았고 담배도 전혀 피우지 않았다. 그런데 위천공이라니?! 단지 스트레스에다 잠을 충분히 자지 못해 신경성 위염이 있었고 그것이 위천공으로 이어진 것이었다. 지금도 내 배 가운데에는 그 상처가 선명히 남아 있다. 그것은 잠을 설치거나 밤을 새우며 도전하던 시절에 얻은 뜨거운 열정의 훈장이다.

남들은 상처를 없애고 싶어 하지만 나는 내 몸 곳곳에 난 상처가 자랑스럽다. 그만큼 그 상처는 내가 지금의 자리에 우뚝 서게 해준 밑바탕이다.

어느 높은 산에 독수리 우두머리가 있었다. 하루는 젊은 독수리가 우두머리 독수리에게 어떻게 그 높은 자리까지 올라갈 수 있었느냐고 물었다. 그러자 우두머리 독수리는 날개를 펼쳐 가슴을 보여줬는데 그곳은 상처로 가득했다. 우두머리 독수리가 말했다. "이 상처들이 나를 이 자리까지 올라오게 해주었다." 나도 그 독수리와 같다. 나는 내 상처를 지우고 싶지 않다. 오히려 나는 상처를 하나하나 소중히 여기고 사랑한다. 내 상처는 성장의 발로이자 성공의 심볼이다.

07. 고(苦)와 락(樂)은 순환한다

삶은 괴로움(苦)과 즐거움(樂)의 순환이다. 크고 작은 일에 일희일비(一喜一悲)하지 말자. 크고 넓은 강일수록 소리 없이 흐른다. 너무 조급해하지도 말자. 다 때가 있는 법이다.

서로 열애 중인 처녀와 총각이 있었다. 솔로인 둘은 결혼만 하면 외롭지도 않고 마냥 행복할 것 같았다. 연애할 때는 서로 공통점만 눈에 들어왔다.

"짜장면이 좋아, 짬뽕이 좋아?" "짜장면." "어머, 나랑 똑같네."

"산이 좋아, 바다가 좋아?" "바다." "어머, 그것도 나랑 똑같네."

"여름이 좋아, 겨울이 좋아?" "여름." "왜 이렇게 나랑 잘 맞아!"

둘은 결혼했다. 이후 어떤 일이 생길까?

결혼하고 한 공간에서 같이 살면 서로의 차이점이 보이기 시작한다. 그러면서 서서히 갈등이 일어난다. 치약을

아내는 뒤에서 짜고 남편은 가운데서 짠다. 감자를 삶아 아내는 소금에 찍어 먹고 남편은 설탕에 찍어 먹는다. 빨래와 청소를 아내는 매일 깔끔하게 하는데, 남편은 실속 있게 일주일에 한 번 한다.

마냥 행복할 것 같던 결혼 생활에 간혹 전쟁이 벌어진다. 성실하게 열심히 사는 그 부부는 고민한다. 둘만 있어서 자주 싸우는 건가? 아기가 생기면 행복해지지 않을까? 그들은 행복을 위해 간절히 원한 끝에 아기를 낳는다. 그런데 거기서 또 다른 불행이 싹튼다.

아기를 키우느라 잠도, 개인 생활도 사라진다. 아이가 초등학교에 들어가면 행복하겠지…. 안됐지만 학교 뒤치다꺼리가 더 힘들다. 아이가 좋은 고등학교에 들어가면 행복하겠지…. 막상 고등학교에 들어가니 또 걱정이다. 좋은 대학에 들어가면 행복하겠지…. 역시나 걱정이 끊이지 않는다. 좋은 직장에 들어가면 행복하겠지, 아이가 결혼하면 행복하겠지…. 끝이 없다.

인생의 고와 락은 순환한다. 고와 락은 한 뿌리다. 고는

락의 원인이고 락은 고의 원인이다. 그러니 어떤 일에 일희일비하지 말자. 끝날 때까지 끝난 게 아니다. 강한 자가 살아남는 것이 아니라 살아남는 자가 강한 것이다. 마지막에 웃는 자가 진정한 승리자다!

우리는 망원경과 돋보기를 모두 가지고 있어야 한다. 삶의 목적은 도착이 아니라 여정이기 때문이다. 그리고 우린 라틴어 '카르페 디엠'(Carpe diem)의 뜻 그대로 지금이 순간을 즐겨야 한다. 성공한 순간뿐 아니라 성공하지 못한 지금도 내 소중한 삶이다.

자동차의 전면 유리는 크고 백미러는 작다. 이는 뒤돌아보지 말고 앞으로 나아가라는 뜻이다. 어제보다 나은 오늘, 오늘보다 나은 내일이 우리를 기다리고 있다. 설레는 마음으로 하루를 살아가자. 용기와 희망을 안고 오늘 하루 최선을 다하자. 지금, 여기에 머물러 현재를 살자. 오늘을 불투명한 내일 일을 걱정하는 데 사용하지 말자. 우리가 할 일은 선명한 오늘에 최선을 다하는 것이다.

매일매일 발전하고 성장하는 나를 메타인지, 즉 제3자 관점에서 내려다보고 심장이 뛰는 소리를 들어보자. 그러면 즐겁고 신나는 하루가 펼쳐진다. 삶은 '숨은 그림' 찾기다. 내 주변에는 기쁨과 설렘, 행복이라는 보석이 널려 있다. 다만 그것은 육체의 눈이 아니라 마음의 눈으로만 확인이 가능하다.

08. 역경은 우리에게 온 선물!

역경은 성공했을 때 아름다운 경력으로 남는다. 성공이라는 '감탄의 꽃'은 때로 실패의 두엄 속에서 피어난다.

실패는 성공의 원인이 되고, 성공은 실패의 원인이 된다. 내 삶 자체가 그러했다. 앞서 말했듯 나는 가난에서 벗어나고자 이런저런 사업에 도전했다가 번번이 실패했다. 그러나 벼랑 끝에 선 순간 모 직접판매를 만나 전 세계 최고 직급자로 우뚝 섰고 연봉 10억이 넘는 소득을 올린 경험도 있다.

고와 락은 롤러코스터처럼 순환한다. 나쁜 일은 좋은 일의 원인이 되고, 좋은 일은 나쁜 일의 원인이 된다. 성공과 실패는 한 뿌리다. 그러니 좋지 않은 일을 만나도 속상해하거나 좌절할 필요가 없다. 그것은 하나의 정거장에 불과하기 때문이다.

지금의 스토리(Story)는 성공했을 때 아름다운 히스토리(History)가 된다. 역경은 선물이다. 비가 오고 흐린 날이 이어지면 맑은 날에 감사함을 느낀다. 배고픔을 겪어보면 음식을 먹을 때 저절로 감사해진다. 고통과 슬픔이 있기에 기쁨이 배가된다. 감기몸살을 앓아봐야 건강하게 평범한 일상을 살아가는 게 얼마나 감사한 일인지 깨닫는다. 실패와 좌절이 있어서 성장과 성공의 희열이 더 강한 것이다.

사람들은 행복하기만 바란다. 고통과 슬픔은 조금도 겪고 싶어 하지 않는다. 슬픔이 없으면 행복이 무언지 어찌 알겠는가? 사람들은 성공하기만 바란다. 좌절과 실패가 없으면 성공이 무언지 어찌 알겠는가?

'우리 볼링장은 아무렇게나 던져도 볼링핀이 다 쓰러져

요' 하는 볼링장에 가고 싶은가? '이 야구장은 어떻게 치든 모두가 홈런이에요' 하는 경기장에 가고 싶은가?

역경은 감사한 선물이다. 역경 뒤에 올 삶의 선물을 기대하라! 단지 멈추지만 말자! 신은 인간에게 버티지 못할 시련은 절대 주지 않는다. 그 시련은 더 강해지라는 신의 명령이다.

6개월, 1년 혹은 3년 전에 골치 아픈 일을 경험했는가? 당시에는 대단한 사건처럼 여겨져 골머리를 앓았을 것이다. 지금도 그러한가. 아마 기억조차 희미하리라.

지금 겪는 속상한 일, 실타래처럼 복잡하게 얽힌 일도 마찬가지다. 그 일도 1년, 2년 지나면 모두 잊히고 추억의 책갈피에 스냅사진 정도로 남을 것이다.

살다 보면 넘어질 수도 있다. 그때는 그냥 일어나라! 혹여 피눈물을 쏟더라도 양손에는 경험이라는 보석을 쥐고 일어나라! 계속 나아가라. 다시 강조하지만 역경과 시련은 선물이다.

09. 고통은 좋은 것

슬픔, 고통, 우울, 배고픔, 흐림, 부정, 악 같은 것이 세상에서 사라지길 바라는가? 그러면 세상이 정말 좋아질 거라고 여기는가? 뭐, 그렇게 생각할 수도 있다. 과연 그럴까?

세상의 모든 슬픔이 사라지면 당신은 기쁨이 무언지 알 수 있을까? 기쁨만 계속 이어질 경우, 우리는 그것이 기쁜 일인지 아닌지 알 수 없다. 우리가 간혹 슬픈 일을 만나기에 삶의 기쁨을 느끼는 것이다.

고통과 아픔이 없으면 건강한 것이 어떤 느낌인지 알 수 있을까? 살면서 경험하는 크고 작은 아픔이 있기에 건강한 것이 무언지 알고 건강함에 감사를 느끼는 것이다.

항상 배가 부르면 당신은 배고픔이 무언지 알 수 있을까? 배고픔을 모르면 배부름도 알 수 없다. 또한 배고픔을 모르면 음식을 맛있게 먹을 수 없다.

악도 마찬가지다. 세상에 악이 존재하기에 선이 무언지 아는 것이다. 그 관점에서 생각하면 '악'마저도 감사하다.

악이 삶의 방향을 선한 쪽으로 틀어야 한다는 진리를 알려주니 말이다.

장마철에 흐린 날이 이어진다고 짜증 낼 필요가 없다. 흐린 날이 있으니 맑은 날의 소중함을 아는 게 아닌가. 흐린 날이 며칠 이어지다 맑아지면 그 감동이 더 크게 다가온다.

낙차가 크면 클수록 감동은 더 크게 밀려온다. 삶에서 흐린 날이 계속된다고 실망하지 말자! 그러다 맑은 날이 오면 감동은 더 클 것이다. 태양은 구름 위에 항상 떠 있다는 것을 믿고 나아가자!

세상에 버릴 것은 하나도 없다. 우리가 나쁘게 여기는 것도 존재하는 이유가 반드시 있다. 오히려 우리는 존재하는 모든 것에 감사해야 한다.

모든 종교가 천국을 바란다. 그 천국에는 세상의 아픔, 슬픔, 고통, 힘듦, 부정, 악이 없단다. 오직 기쁨과 즐거움만 가득하단다. 글쎄? 아픔이 없는 곳에서 기쁨이 무언지 알 수 있을까? 고통이 없으면 기쁨을 느낄 수 있을까? 진심으로 궁금하다. 아픔, 슬픔, 악 등에도 감사하는 마음을 냈으면 좋겠다.

10. 세상에는 독종과 일반종이 있다

세상에는 두 종류의 사람이 있다. 바로 독종과 일반종이다. 사람을 이렇게 분류하는 것에 다소 무리가 있다는 걸 알지만 우리 마음에 일종의 경종을 울리고 싶다. 그럼 독종과 일반종에는 어떤 특징이 있을까? 지금부터 독종과 일반종의 특징을 만나보자!

독종에게는 선명한 꿈이 있어서 가슴 설레는 삶을 산다. 일반종에게는 꿈이 없으며 설령 꿈이 있을지라도 남들을 따라 하는 몽상에 불과하다. 독종은 주관이 뚜렷하고 자기답게 살아간다. 일반종은 대중에 묻혀 대중의 생각대로 휩쓸려 다닌다. 그 결과 많은 사람이 창조품으로 태어나 복제품으로 죽는다. 독종은 세상의 중심이 자신이라는 것을 알고 자신을 사랑한다.

일반종은 자신을 끊임없이 타인과 비교한다. 외모, 집, 자동차, 재산, 남편(아내), 아이, 취미생활 등. 그러고는 스스로를 울타리 안에 가둔다. 그런 다음 웅크린 채 아파하는 자신을 스스로 채찍질한다. 일반종은 자신을 남보다 못하다고 여기며 스스로를 비난하거나 사랑하지 않는다. 우리는 오이와 호박을 비교하지 않는다. 같은 맥락에서 배는 사과를 부러워하지 않는다. 그런데 안타깝게도 일반종의 삶은 비교로 가득하다.

독종은 시선을 내부로 돌리고 자신만의 장점을 파악한 뒤 끊임없이 노력해 강점을 만들어낸다. 일반종의 시선은 외부로 향해 있기에 타인의 장점만 부러워할 뿐 자신의 장점을 찾으려 하지 않는다.

본래 물 위를 걷는 것이 기적이 아니라 지금 내가 걷고 있는 것 자체가 기적이다. 이것에서부터 출발하면 어떨까? 지구 역사 46억 년 만에 내가 이 지구에 와서 걷고 있는 것이니, 이게 기적이 아니고 무엇이겠는가?

독종에게는 감사함이 넘친다. 그리고 독종은 자신을 사

랑하고, 격려하고, 칭찬하기에 좋은 일이 계속 생기는 '샐리의 법칙'을 적용받는다. 반면 일반종은 자신을 사랑하지 않기에 좋지 않은 일이 자꾸 생기는 '머피의 법칙'을 적용받는다.

누구나 일을 하지만 독종에게는 일이 놀이다. 독종은 일을 일이라 생각하지 않고 즐기는 놀이로 여긴다. 오히려 일하면서 스트레스를 풀며 그 일에서 행복과 카타르시스를 느낀다. 일반종에게는 일이 피해야 할 대상이고 스트레스 요인이다. 그들은 먹고살기 위해 마지못해 일할 뿐이다.

이 시대 직장인이 마시는 술잔의 절반은 눈물로 채워진다고 한다. 그 아픔이 어느 정도는 이해가 간다. 평생 40~50년이라는 귀한 시간을 보내는 직장 생활 중 절반가량을 스트레스로 보낸다니, 이 얼마나 안타까운 일인가.

중국 청나라에 검을 무척 잘 다루는 사람이 있었다. 그가 검신이라는 소문이 자자해지자 전국 각지에서 검을 잘 다룬다는 사람들이 찾아와 경합을 벌였으나 그 사람 앞에서는 도저히 상대가 되지 않았다. 어느 날 사람들이 물었다. "당신은 어찌 그리 검술에 뛰어난 것이오." 그때 그 검신은 '검신합일(劍身合一)', 즉 "검과 내가 하나가 되어 싸운다"라고 대답했다.

어떤 분야에든 성공자와 실패자는 있게 마련이다. 당신이 일하고 있는 분야도 마찬가지일 것이다. 지호락(知好樂)이라 했다. 알기만 하는 사람은 좋아하는 사람을 넘어설 수 없고, 좋아하는 사람은 즐기는 사람을 넘어설 수 없다는 뜻이다. 독종은 항상 자기 자신과 대화를 많이 하는 까닭에 자기의 전문 분야를 빨리 찾아내고 그 일을 즐긴다. 일반종은 자신과의 대화가 부족한 탓에 자신의 전문 분야를 잘 찾아내지 못하고 마지못해 선택한 일에서 스트레스를 받는다.

독종은 시련을 즐긴다. 오히려 편하고 쉽게 성공하는 것을 선호하지 않는다. 문제가 생기면 그 문제를 악착같이 물고 늘어져 해결하는 데서 희열을 느낀다. 독종은 마음의 이빨과 손아귀 힘이 강하다. 언제든 문제와 씨름할 준비를 갖추고 있으며 문제가 발생해도 쉽게 당황하지 않는다. 링 위에서 문제를 보고 놀라거나 당황하면 이미 지는 게임이라는 걸 알기에 독종은 문제를 쳐다보며 미소 짓는 경우도 많다. 다윗이 골리앗을 이기듯 독종은 문제에 맞닥뜨리면 여유롭게 문제의 틈새를 철저히 찾아내 결국 승리한다.

세상에 답이 없는 문제는 없다. 문제가 크면 시간이 좀 더 걸릴 뿐이다. 일반종은 문제가 발생하면 겁을 내며 피하려 한다. 어쩔 줄 몰라 당황하기도 한다. 문제와 마주치면 두려워하면서 회피하고 책임감도 없다. 마치 타조가 두려울 때 스스로 모래에 머리를 파묻듯 임시방편으로 문제를 피하려고만 한다. 일반종은 눈빛은 물론 마음의 이빨과 손아귀에도 힘이 없어 문제라는 아령을 들기에 역부족이다. 혹 들어 올렸어도 서둘러 내려놓기 바쁘다.

독종이 꿈을 이야기하면 일반종은 비웃는다. 한데 세상 변화는 대체로 괴짜들이 이끈다. 독종이 바로 괴짜다. 내게는 여러 닉네임이 있지만 그중 가장 맘에 드는 것은 독

종이다. 내 스스로에게 경종을 울리는 닉네임은 '독종 김
영삼'으로, 나는 세상을 변화시키는 괴짜다.

당신은 독종으로 살고 싶은가, 일반종으로 살고 싶은가?

당연히 독종일 것이다. 오늘부터 독종의 삶을 시작해보자!

11. 미쳐야 최고에 다다른다

$$'S = MP^2'$$

이것은 조직 성공 공식으로 S는 Success(성공), M은
Meeting(미팅) 그리고 P는 Passion(열정)을 의미한다.

나는 지금껏 20년 넘게 자영업과 조직 사업을 해왔다. 그
세월을 보내면서 내게는 늘 한 가지 고민이 있었다. 어떻
게 일을 해야 능력이 뛰어나지 않은 평범한 사람도 성공
할 수 있을까?

그 방법은 일단 단순해야 한다. "심플 이즈 베스트
(Simple is Best)"라는 말처럼 단순한 게 최고다. 그다음

으로 전달과 확장에 파워가 있어야 한다. 그리고 마지막으로 지속적인 성장이 가능해야 한다.

그 결론은 바로 'S=MP2'이다.

먼저 열정은 모든 성공한 사람들의 공통점이다. 자기 분야에서 성공한 사람들은 모두 뜨거운 열정을 발휘했다. 열정이 없는 축구 선수의 경기를 보러 가고 싶은가? 열정이 없는 작가의 글을 읽고 싶은가?

'불광불급(不狂不及)'이라는 말처럼 미치지 않으면 최고에 다다를 수 없다. 당신은 지금 하고 있는 일에 미쳐 있는가? 그것이 정말 좋아서 밥 먹는 시간도 아까울 정도로 몰두하고 있는가? 제발 그러길 바란다.

이쯤에서 당신 자신을 점검해보자.

당신은 지금 어디로 가고 있는가? 가고자 하는 목적지가 있는가? 목표를 확실히 정했는가? 일차적으로 갈 곳을 정해야 한다.

그다음엔 목적지에 언제 도달할지 기간을 설정해야 한다. 기간을 명확히 정하지 않으면 그 목표는 없는 것이나 마찬가지다. '언제 해도 상관없다'라는 자세로는 절대 목적지에 다다를 수 없다. 기간을 분명하게 정하자.

마지막으로 속도를 정해야 한다. 비행기는 1.8킬로미터 거리의 활주로를 300킬로미터 속도로 달리면서 이륙한다. 그렇게 이륙할 때 가장 많은 연료를 사용한다. 당신도 몇 킬로미터 속도로 달릴지 결정해야 한다. 가능하면 비행기처럼 초기에 에너지를 힘껏 쏟길 바란다.

목적지에 도달할 기간을 명확히 정해 미친 듯이 열정을 발휘해야 스스로 날 수 있다. 명품 도자기는 1,000℃에 달하는 가마의 열을 견뎌야 탄생한다. 같은 도자기라도 명품 도자기는 수백억을 줘야 하지만 짝퉁은 몇천 원이면 산다.

그런데 명품과 짝퉁의 차이는 고작 1%에 불과하다. 99℃에서 포기하면 짝퉁이 되고 마지막 1℃를 채우면 명품이 된다. 명품 인생을 위해 매일 자신의 한계점을 만나자! 99℃에서 포기하지 말고 끝까지 해내 마지막 1℃를 채우자!

우리가 아직 살아 있다는 것은 마지막 1℃를 채울 기회가 있다는 것을 의미한다. 열정이 뜨거워지면 스트레스는 식는다.

미팅은 새로운 역사를 만들어가는 기반이다. 우리는 같은 시간, 같은 장소에서 이뤄지는 만남으로 조직을 확장해간다. 만남은 일종의 '씨줄과 날줄의 그물'로 처음에는 피라미밖에 잡히지 않지만, 점차 고래도 잡는 대형 그물로 커진다.

미팅으로 조직을 확장하면 복리의 효과가 나타난다. 시간의 복리, 인맥의 복리, 재능의 복리, 지역의 복리 등. 이러한 복리는 결국 '빈익빈 부익부' 현상을 가리키는 마태효과(Mattew, 效果)를 낸다. 신약성서 마태복음 25장 29절에 "무릇 있는 자는 더욱 받아 풍족하게 되고, 없는 자는 있는 것까지도 빼앗기리라"라는 글이 나오는데, 마태효과는 이 구절을 빌려 만든 것이다.

집단의 성공은 내 힘이 아니라 조직의 힘으로 가능하다. 물론 그 시작은 한 사람이지만 그것이 수백에서 수천 명의 결과를 만들어낸다. 인재 한 명이 좋은 옥토의 시스템을 만나면 엄청난 결과를 낼 수 있다. 사과 속의 씨앗은 셀 수 있어도 씨앗 속의 사과 개수는 셀 수 없는 법이다. 그리고 같은 씨앗이라 할지라도 환경, 즉 시스템이 중요하다.

조직에서 가장 중요한 것은 사람이다. 사람은 기업을 만들고 기업은 사람의 생존을 담보한다. 기업의 꽃은 사람이다. 조직에서 사람은 3가지 부류의 꽃에 비유할 수 있다.

첫째, 화병의 꽃이다. 이런 사람은 시간이 지나면 시들고 만다.

둘째, 화분의 꽃이다. 이들은 끊임없이 물을 주며 관리해야 한다.

셋째, 들판의 꽃이다. 이 부류는 스스로 자생하며 씨를 퍼트려 온 산을 꽃으로 장식한다.

우린 각자 들판의 꽃이 되어 어느 조직에서든 선한 영향력을 퍼트리는 인재가 되어야 한다.

토마스 에디슨은

전구의 첫 발명으로 유명하지만,

그의 성공은 끊임없는 실패와

악착같은 집념에서 비롯되었다.

에디슨은 전구의 발명 과정에서

1,000번이 넘는 실패를 경험했지만,

결코 포기하지 않았다.

그는 "나는 실패하지 않았다.

나는 단지 1,000가지 방법이 효과가 없다는 것을

발견했을 뿐이다"라고 말하며 실패를

성공을 위한 중요한 과정으로

받아들였다.

그의 강한 집념과 끈기로 발명한 전구는 결국

인류의 생활 방식을 혁신적으로 변화시켰다.

03
행복

행복은 준비된 사람에게 오는 것입니다.
성공이 행복을 가져다주는 것이 아니라
행복이 성공을 가져옵니다.

달라이 라마

01. 행복은 지금을 음미하는 것

긍정심리학자 마틴 셀리그먼(Martin Seligman)은 '행복과 장수'를 연구한 것 중 수녀 178명을 대상으로 실험한 연구에 주목했다. 그 결과는 매우 흥미로웠다. 수녀들 중 글을 쓰거나 감정을 표현할 때 긍정적이고 활기찬 수녀는 95%가 85세까지 살았다. 반면 표현이 부정적이거나 무미건조하게 지낸 수녀들은 34%만 85세까지 살았다.

또한 활기차게 산 수녀들은 54%가 94세까지 살았으나 무미건조하게 지낸 수녀들은 고작 11%만 그 나이까지 살았다.

이 연구 결과가 보여주듯 행복감을 느끼며 긍정적인 자세로 활기차게 지내는 사람이 상대적으로 오래 산다. 그렇다면 행복이 장수와 관련이 있다는 말인데, 과연 행복이란 무얼까?

행복은 '지금'을 음미하는 것이다. 무얼 음미하라는 말이냐고? 간단하다.

첫째, 지금 '보는 것'을 음미한다. 그러면 눈부신 햇살, 하얀 구름, 맑은 하늘, 하늘거리는 나무처럼 평상시에 보이지 않던 경치가 눈에 들어온다.

둘째, 지금 듣는 '소리'를 음미한다. 귀를 기울이면 새소리, 물이 흐르는 소리, 행인의 말소리, 바람 소리 등 이런저런 소리가 들려온다.

셋째, 지금 맡는 '냄새'를 음미한다. 바람이 전해주는 꽃

향기, 빵집에서 풍기는 구수한 냄새, 식당가의 음식 냄새에 집중한다.

넷째, 지금 느끼는 '촉각'을 음미한다. 키보드를 두드릴 때의 손끝 느낌, 발을 디딜 때의 발바닥 느낌, 살갗에 스치는 바람의 느낌, 손을 맞잡을 때의 따뜻함 등을 느낀다. 냇가에 발을 담갔을 때 다리 사이로 휘감아 흐르는 물의 촉감에도 집중하자.

다섯째, 지금 즐기는 '맛'을 음미한다. 배가 고플지라도 허겁지겁 먹지 말고 고기 한 점, 회 한 점을 입에 넣으며 그 맛을 감상하자. 과일과 채소의 싱싱한 맛도 물씬 느껴보자.

여섯째, 지금 내 몸의 '들숨과 날숨'을 음미한다. 호흡을 관찰하며 공기가 들어오고 나가는 것을 느끼면서 공기의 소중함을 다시금 깨닫자. 물속에 사는 물고기는 물의 소중함을 모르지만 우린 달라야 한다. 공기가 없으면 우리는 고작 3~5분만 버틸 수 있을 뿐이다.

지금을 음미하면 과거와 미래로 미친 물소처럼 뛰어다니던 마음이 현재에 머문다. 이것이 내 마음을 지금, 여기에 머물도록 하는 방법이다. 마음이 현재에 머물러야 하루하루가 전쟁터 같은 마음에 평화가 찾아오고 행복이 꽃을 피운다.

근심, 걱정은 마음 파괴자다. 실제로 우울증에 시달리는 대다수 사람의 마음은 현재에 머물지 않는다. 그들의 마음은 과거의 트라우마나 미래 걱정 혹은 두려움에 사로잡혀 있다. 애초에 불안감은 작은 생각으로 출발한다. 그러다 점차 집채만큼 커져 상대적으로 작아진 나를 집어삼킨다. 우리 마음이 현재에 머물게 해야 하는 이유가 여기에 있다.

태평양 전쟁 때 어느 함선의 함장으로 있던 장군의 이야기다. 공교롭게도 그는 한창 전쟁 중인 격전지에 늦게 도착하면 나라가 망하고, 직진 항로로 가면 적의 잠수함이나 배의 공격을 받아 좌초당할 수 있어 전진도 후퇴도 하지 못하는 상황에 놓였다. 그 순간 함장은 이런 결정을 내렸다.

"우리가 늦으면 전쟁에서 패한다. 그렇지만 직진 항로로 갔을 때 어뢰를 맞을지 맞지 않을지는 알 수 없다. 만약 어뢰를 맞더라도 그건 우리가 피할 수 없는 운명이다. 두려워한다고 달라지는 것은 없다. 최고 속도로 전진하라!"

결국 그는 전쟁을 승리로 이끌었다.

우리도 태어나는 순간 무조건 앞으로 가야 하는 인생 항로에 들어선다. 미래가 두려워 아무리 걱정한들 달라지는 것은 없다. 지나온 인생을 돌아보자. 앞날을 알 수 없어 열심히 걱정했는데 그렇게 걱정하던 상황이 일어난 적이 얼마나 있는가?

미래를 불안해하느라 쓸데없이 에너지를 쓰지 말자. 그 시간에 차라리 현재를 음미하고 오늘에 최선을 다하자!

02. 안분지족(安分知足)이 안겨주는 행복

컵에 물이 절반 정도 들어 있을 때 사람들의 평가는 둘로 나뉜다. 한쪽은 "물이 반밖에 없네"라고 말한다. 다른 한쪽은 "물이 반이나 남았네"라고 한다. 시선을 항상 결핍 쪽에 두는 사람은 불행할 수밖에 없다.

결핍은 우리에게 아쉬움, 불안, 힘듦, 괴로움 같은 부정적 마음을 준다. 반대로 '물이 반이나 남았네'라는 생각은 이미 갖고 있는 것에 보이는 감사, 고마움, 희망 등의 긍정적 마음을 불러일으킨다.

작은 감사는 큰 감사를 끌어당긴다. 작은 것에 감사할 줄 모르면 크게 감사할 일이 생겨도 그 감사를 축소하거나 아예 감사를 느끼지 못한다.

삶은 숨은 그림 찾기다. 우리 주변에는 감사할 일이 널려 있다. 작사가, 즉 '작고 사소하고 가지고 있는 것'에 감사하자.

가끔 지족(감사) 명상을 해보자.

오늘 살아 있는 것만으로도 우리는 충분히 감사해야 한다. '어제 내가 죽었다면…' 하고 상상해보자. 과연 오늘 경험하는 것을 누릴 수 있을까? 보고, 듣고, 맛보고, 느끼고, 말하고, 생각하는 이 모든 게 작동하고 있을까?

오늘 내가 눈을 뜨고 있다는 건 기회가 있다는 뜻이다. 이 얼마나 가슴 떨리는 일인가! 이 얼마나 감사한 일인가!

'사람 지족'은 사람에게 감사하는 일이다. 속을 썩이는 아들, 딸이 있는가? 아니면 배우자가 마음을 상하게 하는가? 생각을 달리해보자. 그들 중 누군가가 갑자기 이 세상을 떠난다는 상상을 하면 속을 썩일지언정 그렇게라도 존재하는 것에 감사가 느껴질 것이다.

'사물 지족'은 사물에 감사하는 일이다. 지금 사용하는 노트북이 있어서 감사하지 않은가. 버스, 지하철, 자동차, 아파트, 휴대전화, 볼펜 등 모든 사물에 감사할 줄 알아야 한다.

'신체 지족'은 지금의 내 모습에 감사하는 일이다. 지금 당신의 손을 바라보라. 만약 한쪽 손이 없다면? 다리가 없다면? 이런 생각만으로도 현재의 신체 모습에 감사함이 느껴질 것이다.

물속에 사는 물고기는 물의 소중함을 모른다. 우리 역시 일부러 의식하지 않으면 공기의 소중함을 잊고 산다. 우리는 이미 많은 것을 누리며 살고 있다. 아니, 너무 많은 것을 가졌다!

아무런 조건도 달지 말고 존재 그 자체만으로 행복하자. 살면서 경험하는 모든 것을 있는 그대로 음미하자. 그것이 근사한 하루, 근사한 한 해, 근사한 인생을 만든다.

이렇게 외쳐보자.

"내 인생 정말 좋고 행복하다!! 그냥 존재하는 것만으로도 행복하다."

이것이 행복한 삶의 출발점이다.

03. 존중이 불러오는 행복

사람은 누구나 존중받을 때 의욕이 넘치고 표정이 밝다. 이는 존중이 행복을 불러오기 때문이다. 실제로 행복한 가정은 이유가 비슷하고, 불행한 가정은 이유가 다양하다. 직장도 마찬가지다. 행복한 가정과 직장의 공통점은 바로 존중이 넘친다는 것이다.

부부가 서로를 존중하고 아이들이 부모를, 부모가 아이들을 존중하면 그 가정에는 행복이 가득하다.

미국 심리학자 매슬로(Maslow)는 인간의 욕구를 5단계로 나눠 설명했다.

그 5단계 욕구 중 1단계는 생리적 욕구다. 이것은 가장 기본인 의식주를 향한 욕구에 성욕을 포함한다. 2단계는 안정의 욕구다. 위험이나 위협, 불안을 피하고자 하는 욕구를 말한다.

3단계는 애정과 소속 욕구다. 가정을 꾸리거나 친구, 지인과 관계를 맺는 것 혹은 원하는 집단에 귀속하려는 욕구를 의미한다. 4단계는 바로 존중의 욕구다. 이는 인간의 기초 욕구로 자아 존중, 자신감, 존경, 성취 욕구를 말한다. 이러한 존중의 욕구는 자아실현 욕구로 나아가는 통로를 열어준다.

마지막 5단계는 자아실현 욕구다. 이는 계속해서 자기계발을 하고 자기 잠재력을 최대한 발휘하려는 욕구다. 이것은 욕구를 충족할수록 계속 더 커지는 특징을 보여 '성장 욕구'로 불리기도 한다. 존중이 인간의 '기초 욕구'라는 것을 알고 있었는가? 알고 있었다면 다행이다. 당신 주변의 3미터 내에 있는 모든 사람을 행복하게 만들자. 오늘부터 가정, 직장, 사회에서 만나는 모든 이에게 존중의 언어를 써보자.

사랑해~. 대단해~. 넌 멋져~. 할 수 있어~.

04. 감사도 노력해야 한다

감사한 일이 생겼을 때 우리는 당연히 감사함을 느낄까? 그렇지 않다. 뇌 구조상 감사도 노력해야 느낄 수 있다. 우리 뇌는 게으르다. 사실 그럴 수밖에 없다. 뇌는 우리 몸무게의 2%에 불과하지만 우리가 먹는 에너지의 20%를 사용한다. 그러니 뇌가 하는 일에 낭비란 있을 수 없다.

인간은 선사시대부터 굶주림에 시달렸다. 그 기간이 수백만 년에 달한다. 어쩌다 사냥에 성공해서 배불리 먹고 나면 언제 또 먹을 수 있을지 기약이 없었다. 대한민국이 굶주림에서 벗어난 지는 고작 30~40년밖에 안 되었다. 그걸 보여주는 예로 트로트 가수 진성이 자신의 어린 시절을 회상하며 직접 작사한 노래 〈보릿고개〉를 들으면 눈물이 절로 흐른다.

"아야 뛰지 마라 배 꺼질라~

가슴 시린 보릿고개 길~

주린 배 잡고 물 한 바가지 배 채우시던~

그 세월을 어찌 사셨소⋯."

유튜브를 검색해 한 번 들어보길 바란다. 지금은 물질이 풍족해져 적어도 굶주리는 사람은 드물다. 물론 지금도 많은 사람이 먹고사는 문제를 걱정하지만, 이는 보다 나은 삶을 지향하는 차원이다.

어쨌거나 선사시대 DNA를 여전히 간직하고 있는 우리 뇌는 무조건 에너지를 덜 쓰는 구조로 작동한다. 그래서 무언가를 성취했을 때 느끼는 감사와 행복의 유효기간이 짧다.

가령 5년을 노력해 좋은 차를 사면 도파민이 분출해 감사한 마음과 행복감이 극에 달한다. 그러나 일주일에서 열흘 정도가 지나면 그것이 당연하게 느껴져 별 감흥이 없다. 처음에 감사함과 행복감이 정점을 찍고 이후 그 감정이 서서히 사라지는 것이다.

10년을 아껴가며 돈을 모아 넓은 평수 아파트로 이사했을 때도 마찬가지다. 이사 가는 순간에는 도파민이 극에

달한다. 그 후 감정이 점점 내려가다 열흘에서 한 달이
지나면 별다른 감흥이 없다.

인간은 참 묘하다. 부족할 때는 그것을 얻지 못해 괴로워
하고, 얻고 난 뒤에는 권태를 느낀다. 그래서 그런가, 우
리는 종종 부와 명예를 모두 쥔 유명인이 자살로 생을 마
감하는 뉴스를 접한다. 실제로 자산이 16조 원에 달하는
모 회장도 54세라는 아까운 나이에 자살로 생을 마감했다.
독일 철학자 쇼펜하우어(Arthur Schopenhauer)는 이렇
게 말했다.

"인생은 고통(결핍, 욕망)과 권태 사이를 오가는 시계추
와 같다."

욕망 덩어리인 우리 뇌는 어떤 것을 갖고 싶을 때 그것을
갖지 못해 괴로워한다. 그러다 원하던 것을 얻으면 곧바
로 권태를 느낀다. 마치 배고플 때는 배가 고파 죽겠다고
하다가 밥을 먹은 뒤엔 배불러 죽겠다고 하는 것처럼 말
이다.

이 모든 것은 에너지를 덜 쓰기 위한 뇌의 음모다. 그래

서 인간 세상을 '고해의 바다'라고 했다. 산다는 것은 그 바다를 건너는 일인데, 어차피 건너야 한다면 그 바다를 두려워하고 걱정할 필요가 있을까? 오히려 멋지게 윈드 서핑을 하며 즐기는 게 더 낫지 않을까? 맞다! 즐기자. 그 걸 가능하게 하는 것이 바로 '감사의 힘'이다.

05. 현재에 마음을 두고 웃자

사람이 80년을 산다면 그 80년을 어떻게 사용할까? 별걸 다 연구하는 사람들 덕분에 우리는 자신에게 주어진 생명을 어떻게 소비하는지 단박에 알 수 있다.

잠자는 데 28년.

직장 생활을 하는 데 26년.

약속을 기다리는 데 6년.

씻고 화장하는 데 4년.

화장실에서 볼일을 보는 데 1년. 단, 변비 환자는 1년 6개월.

웃는 데 1개월.

말도 안 된다고? 그렇긴 하다. 80년을 살면서 웃는 시간이 고작 30일이라니! 어쩌면 그래서 부처님이 인간 세상을 '고해의 바다'라고 표현한 것인지도 모른다. 어차피 끝이 없는 괴로움의 바다를 건너야 한다면 웃으면서 건너자! 많이 웃자! 공자, 맹자 위에 '웃자'가 있다는 우스갯소리도 있지 않던가.

웃으면 훨씬 건강해진다. 아이는 하루에 300~400번 웃고, 어른은 하루에 약 6번 웃는데 그중 3번은 비웃음이란다. 아이들은 왜 자주 웃을까? 근심, 걱정이 없어서다. 그러면 어른은 왜 웃지 않을까? 근심, 걱정이 많아서다.

독일 철학자 니체(Friedrich Wilhelm Nietzsche)는 《차라투스트라는 이렇게 말했다》에서 인간 정신 발달 3단계를 낙타, 사자, 어린아이에 비유해 설명하고 있다. 고된 낙타의 삶에서 독립적으로 성장하려 하는 사자의 삶으로, 다시 사자의 삶에서 놀이하듯 삶을 기쁘게 살아가는 어린아이의 마음으로 살면 천국에 들어갈 수 있단다.

아이들은 서로 싸워도 다음 날 다시 만나 언제 그랬냐는 듯 같이 놀면서 웃는다. 반면 어른들은 자신의 이데올로기에 파묻혀 세상을 남과 북으로 가르고, 빨강과 파랑으로 나누고 으르렁거리며 평생을 살아간다. 많이 웃고 행복하게 오래 살려면 편견에 사로잡힌 프레임과 근심, 걱정을 없애야 한다.

사람은 흘러간 과거를 후회하면서 아직 오지 않은 미래의 근심, 걱정을 가슴에 품고 현재를 살아간다. 아무리 후회해도 과거는 달라지지 않고, 아무리 근심하고 걱정해도 미래를 바꿀 수는 없다. 불투명한 미래를 걱정하지 말고 선명한 오늘에 집중하자! 오늘은 내일로 향하는 유일한 통로다.

인생이라는 배낭에 과거의 수많은 후회를 넣고, 미래의 근심과 걱정을 가득 담은 채 오늘을 걸으면 그 무게에 짓눌려 누구도 배겨나지 못한다. 과거와 미래에 마음을 두는 건 꿈속을 헤매는 것과 같다.

과거는 세상의 모든 왕이 모여 힘을 써도 바꿀 수 없다. 우리는 그것을 알면서도 '후회하는 마음'을 내려놓지 못한다. 죄책감, 후회, 좌절은 과거의 메뉴다. 근심, 걱정, 불안은 미래의 메뉴다. 그 메뉴를 멀리하자. 꿈에서 깨어나자. 현재(Now & Here)에 마음을 두면 우린 웃을 수 있다. 혹시 지금 커다란 근심에 휩싸여 있는가? 이 한마디만 기억하자.

"이 또한 지나간다!"

우린 이미 3년 전, 5년 전에도 심각한 고민을 했다. 그게 지금도 기억나는가? 아마 기억조차 나지 않거나 고통의 강도가 미미할 것이다. 대개는 거의 심각하게 여기지 않는다. 지금 겪고 있는 문제도 마찬가지다. 다 지나간다!

당장 살고 죽는 문제가 아니라면 너무 심각하게 생각하지 말자. 오히려 즐겨라! 오늘(Present)이라는 선물(Present)을 받았으니 많이 웃고 즐기자. 우리가 웃으면 뇌가 호르몬 칵테일 샤워를 한다. 그러니까 세로토닌, 엔도르핀, 도파민, 옥시토신이 한꺼번에 분비되어 뇌가 행복해진다. 이러한 물질은 인체라는 가죽 주머니를 말끔히 정화한다.

웃자. 웃어넘기자. 웃으면 머리까지 개운해진다. 웃을 일이 없어도 웃자. 웃으면 웃을 일이 생긴다. 세계적인 심리학자 윌리엄 제임스(William James)는 "그런척하면 그렇게 된다"라고 했다. 소리 내어 웃기 어렵다면 입꼬리라도 올려보자! 자, 따라 해보자. 위스키~, 와이키키~, 요놈의 새끼~.

06. 웃음의 회복 탄력성

어느 심리학자가 영화관에서 한 가지 실험을 했다. 이때 실험 참가자 절반은 빨대를 옆으로 문 채 영화를 보고, 나머지 절반은 빨대를 앞으로 물었다. 영화가 끝난 뒤 실험 참가자들은 영화를 평했는데, 빨대를 옆으로 문 참가자가 앞으로 문 참가자 보다 훨씬 더 재미있고 감동적이었다고 평가했다.

고사상에 올리는 돼지머리도 웃는 것이 더 비싸다. 독서나 공부할 때, 강의를 들을 때도 입꼬리를 살짝 올려보라. 분명 효과를 느낄 것이다. 지금 당장 입꼬리를 올려보자. 그러면 당신의 뇌에 밝은 불이 켜진다.

웃음은 일종의 운동이다. 한바탕 쏟아내는 웃음은 윗몸 일으키기를 25번 한 효과를 낸다. 10초 동안 웃는 것은 노젓기를 3분 한 효과를 내고, 15초 동안 박장대소하는 것은 100미터를 전력 질주한 효과가 있다. 우리가 박장대소를 하면 몸 근육 650개 중 231개 근육이 같이 움직인다. 이처럼 한꺼번에 가장 많은 근육이 움직이게 만드는 것이 바로 '박장대소'다.

웃음은 운동과 마찬가지로 우리 몸과 마음을 건강하게 해준다. 더 중요한 것은 웃음이 우리 몸의 윤활유인 호르몬으로 몸을 구석구석 청소하고 좋은 영양소를 준다는 점이다.

미국 의료진 논문에 따르면 웃을 경우, 감마 인터페론이 200배 증가한다. 또한 웃음은 면역을 관장하는 T세포를 활성화하고, 염증이나 바이러스를 공격하는 백혈구와 암을 파괴하는 NK세포가 활발히 증가하게 한다. 로마린다 대학교 리 버크 교수팀은 재미있는 1시간짜리 영상을 보며 웃었을 때, NK세포 활성도가 24%에서 39%로 두 배 가까이 상승한 사실을 확인했다. 인디애나주 볼 메모리얼 병원은 하루 15초를 웃으면 이틀을 더 산다는 논문을 발표하기도 했다.

《웃음의 치유력》을 쓴 노먼 커즌스는 52세에 강직성 척추염을 앓았다. 이 병은 뼈와 근육이 점점 굳어버리는 불치병이다. 그런데 어느 날 그는 코미디 프로그램을 보다가 통증이 줄어드는 느낌을 받았다. 15분 정도 웃으면 2시간 이상 통증이 사라졌다. 염증 수치도 줄어들었고 모르핀을 맞아도 조절되지 않던 통증까지 사라졌다. 결국 그는 발병한 지 6개월 만에 다시 걸을 수 있었다. 그리고 2년 뒤 정상인으로 돌아왔다. 그는 이렇게 역설한다.

"웃음은 최고의 명약이자 모든 병을 막아주는 방탄조끼다."

이처럼 웃음은 심신의 회복 탄력성을 높여준다.

07. 시간은 모두에게 공평하게 주어진다

부자든 빈자든, 유명인이든 일반인이든, 위대한 사람이든 평범한 사람이든 모두 하루 24시간을 받는다. 다시 말해 1,440분, 그러니까 86,400초라는 시간은 누구에게나 똑같이 주어진다!

왕에게도, 거지에게도 공평하게 주어지는 그 시간을 어떻게든 가치 있게 써야 한다. 시간의 가치를 발견하자. 혹시 시간을 돈으로 여기면 좀 더 가치 있게 쓸까?

지금 당신의 1시간은 현재 얼마인가? 만약 현재 1시간이 1만 원의 가치를 지니고 있다면, 당신이 그 시간을 어떻게 활용하고 얼마나 몰입하느냐에 따라 3년 후 1시간의 가치가 10만 원이 될 수도 있다.

세상에서 가장 가치 있는 것은 시간이다. 그게 아니라 돈이라고? 돈은 지금 없어도 열심히 노력해서 벌면 된다. 그렇지만 지나간 시간은 어떠한 노력으로도 회복할 수 없다. 지나가면 그만이다. 오늘 주어진 시간을 저축했다가 내일 다시 쓰는 건 불가능하기 때문이다. 돈으로 시계는 살 수 있지만 시간은 살 수 없다!

시간은 곧 우리의 목숨이다. 우린 정확히 주어진 시간만큼만 숨을 쉴 수 있다. 그런데도 오늘의 자투리 시간을 무의미하게 버릴 것인가? 시간을 등한시하는 것은 내 목숨을 가벼이 여기는 것과 다르지 않다.

08. 두뇌가 인식하는 인지부조화

교육이나 독서로 어떤 깨달음을 얻으면 뇌에서 인지부조화가 발생한다! 이후 뇌와 행동이 싸움을 시작한다. 뇌는 이미 더 나은 삶을 설정하고 있고, 행동은 과거의 그 자리에 머물려고 하기 때문이다. 이것이 인지부조화이다.

우리에겐 꿈이 있다. 모두가 더 나은 삶을 살기를 원한다. 그런데 그걸 이루기가 쉽지 않다. 왜 그럴까? 여기에는 그럴만한 이유가 있다.

새로운 결과, 새로운 상황을 원한다면 나부터 새로워져

야 한다. 과거와 똑같이 행동하면 똑같은 결과만 얻을 뿐이다. 붕어빵 기계에서는 붕어빵만 나오고 호두빵 기계에서는 호두빵만 나온다.

다른 결과를 원한다면 나부터 변화해야 한다. 변화하려면 혁신(革新)이 필요한데, 혁신은 '가죽을 벗겨 새롭게 한다'라는 뜻이다. 이것은 마치 솔개가 자기 발톱을 뽑고 새로 태어나는 것만큼이나 어렵다.

뇌는 게으르다. 뇌는 신체에 사용하는 에너지를 최대한 아끼려 한다.

아쉽게도 꿈을 이루는 데 필요한 변화에는 많은 에너지가 든다. 우리 뇌는 그것을 스트레스 혹은 위협으로 인식한다. 이처럼 인지부조화가 발생하면 두 가지 선택 방법만 남는다.

하나는 대다수가 선택하듯 원래 상태로 되돌아가는 것이다. 이것을 선택하면 변화는 작심삼일로 끝난다. 다른 하나는 뇌에 끊임없이 목표를 각인하고 명령하는 일이다.

이는 위대한 결과를 낸 사람들이 선택하는 방법이다. 이들은 이뤄짐을 믿는다.

믿음에는 작은 믿음, 큰 믿음이 없다. 그냥 믿거나 믿지 않는 것 두 가지로 나뉠 뿐이다. 신념(信念)에서 신(信)은 '사람 인'과 '말씀 언' 자가 결합한 글자다. 이는 믿음은 사람이 반복적으로 하는 말로 이뤄진다는 뜻이다.

말, 즉 언어는 존재의 집이다. 언어가 달라지면 표정이 달라지고 눈빛도 달라진다. 언어는 세상의 어둠을 밝은 빛으로 바꾼다. 성경에도 하느님이 말씀으로 천지를 창조하셨다고 나온다.

우리는 가능한 한 긍정적 언어를 써야 한다. 또한 반복해서 긍정 확언을 하고 꿈을 이미 이룬 것처럼 생생하게 상상하는 것이 좋다. 꿈과 함께 일어나고, 꿈과 함께 밥을 먹고, 꿈과 함께 호흡하고, 꿈과 함께 잠을 자는 것은 더 좋다.

생각 역시 언어다. 자신이 자신에게 말하는 언어다. 그래서 평소에도 긍정적으로 생각해야 한다. 초당 약 4억 비트에 달하는 엄청난 정보가 내게로 들어온다. 이에 따라 컬러 배스 효과(Color bath Effect)처럼 내가 무엇을 생각하느냐가 무척 중요하다. 컬러 배스 효과란 한 가지 색깔에 집중하면 같은 색의 사물이 도드라지게 눈에 띄는 현상을 말한다.

만약 당신이 매 순간 꿈을 생각하면 당신의 모든 인체 기관은 마치 현미경처럼 꿈을 이룰 방법을 찾아낼 것이다. 꿈을 생각하고 말하는 것은 그 자체로 파장이 된다. 그 파장은 자석처럼 진동해 당신이 꿈을 이루도록 사람과 환경을 끌어당긴다.

행복 <small>이혜인</small>

행복은 먼 곳에 있지 않아요.
행복은 우리가 사는 이곳,
우리의 마음 속에,
작은 것들 속에 숨어 있어요.

가끔은 바람에 실려 오는
상큼한 냄새에
미소 짓기도 하고,
햇살 가득한 하루에
맑은 하늘을 바라보며
행복을 느끼기도 해요...

출처: [어디에도 물들지 않은 푸른 영혼으로] 中에서

04

행동

우리는 우리가 반복적으로 하는 것들이다.
따라서 탁월함은 행동이 아니라 습관이다.

아리스토텔레스

01. 내적 동기부여 vs 외적 동기부여

인간은 동기부여를 받아야만 움직인다. 동기(動機)는 '움직일 동' 자와 '틀 기' 자가 합쳐진 단어다.

뉴턴의 운동 제1법칙은 '관성의 법칙'이다. 이는 움직이는 물체는 계속 움직이려 하고 멈춰 있는 물체는 계속 멈춰 있으려 한다는 것을 말한다. 인간 역시 편안하게 가만히 있으려고 한다. 어떤 행동을 하려 하면 마음에서 감정의 파동이 일어나야 한다. 그것을 달리 표현하면 '동기부여'다.

동기부여는 두 가지로 나눌 수 있다. 내 마음 안에서 일어나는 내적 동기부여와 외부의 자극에 따른 외적 동기부여가 그것이다. 예를 들어 '공부'를 생각해보자. 어떤 사람이 공부하는 것 자체가 즐거움과 깨달음을 주어 공부한다면 이는 내적 동기부여다. 이와 달리 의사나 판사가 되기 위해 열심히 공부하는 것은 외적 동기부여. 축구 역시 축구 자체가 즐거워서 축구에 몰입하는 것은 내적 동기부여고, 국가대표 선수가 되거나 세계적인 선수가 되어 이름을 널리 알리고자 한다면 외적 동기부여. 달리기도 마찬가지다. 달리기 자체가 즐거워서 하는 것은 내적 동기부여지만, 올림픽에서 금메달을 따기 위해 달리기를 한다면 이는 외적 동기부여.

건강식품과 화장품 사업을 하는 사람이 있다고 해보자. 한 사업자는 사람들의 건강과 피부 개선에 도움을 주는 그 일 자체를 가치 있게 여긴다. 또한 사람들과 함께 도전하고 어울리는 것을 즐겁고 행복하게 받아들인다. 이것은 내적 동기부여. 또 다른 사업자는 돈을 많이 벌어 좋은 차를 타고 명예까지 얻을 수 있기에 그 일을 한다. 이는 외적 동기부여다. 이 분야에는 두 가지 동기부여가 모두 필요하지만 월드 클래스는 대다수가 일 자체를 좋아하고 즐긴다. 즉, 이 분야에서는 외적 동기부여보다 내적 동기부여가 더 성공에 큰 영향을 미친다.

만약 외적 동기부여에 더 치중할 경우, 어떤 결과를 예측할 수 있을까? 돈을 많이 버는 것이 목표인데 돈을 많이 벌지 못하면 쉽게 포기하고 만다. 1등을 목표로 열심히 달렸는데 0.1초 차이로 2등을 하면 좌절한다. 열심히 공부했는데 원하던 대로 의사, 판사, 검사가 되지 못하면 자괴감에 빠진다. 그 이유는 내면의 만족보다 외적 동기부여, 즉 눈에 보이는 무언가를 목표로 했기 때문이다. 이처럼 외적 동기부여에는 상대적인 제로섬이 많다. 따라서 갖지 못하면 공허해지고 이루지 못하면 실패자가 된다.

명확한 내적 동기부여 요인이 있으면 똑같은 상황에서도 좌절하거나 꿈과 희망을 내려놓지 않는다. 결과에 상관

없이 그 일 자체를 즐기기에 행복하기까지 하다. 또한 노력까지는 내 몫이지만 그 결과는 하늘의 뜻임을 받아들인다. 많은 사람이 좌절하고 스트레스를 받는 이유는 내적 동기부여는 내팽개치고 눈에 보이는 외적 동기부여만 좇기 때문이다.

도금은 겉이 화려하지만 겉과 속이 달라서 결국 한계가 있다. 반면 순금은 겉과 속이 같아서 시간이 지나도 한결같이 빛이 나고 가치가 높다. 내부로 향한 시선은 자존감이고 외부로 향한 시선은 남과 비교하는 자존심이다.

내가 한창 세일즈를 할 때의 일이다. 모회사의 수익과 여행 정책에 반한 나는 50대 중반의 한 지인에게 함께 비즈니스를 하고 싶다며 연락을 했다. 그런데 전날까지만 해도 비즈니스 포럼에 같이 참여하기로 철석같이 약속한 그녀가 내일이 포럼인데 밤에 문자로 연락을 해왔다.

'사장님 죄송해요. 저 내일 오전에 급한 약속이 생겨 10시에 다른 장소로 출발해야 할 것 같아요.'

거절 문자였다. 밤잠을 설쳤다. 몇 날 며칠을 다짐하듯 받은 약속인지라 그날 밤 이불을 덮고 누웠지만 잠이 오질 않았다. 내 소중한 꿈을 꼭 이루리라는 간절한 마음과, 그분과 함께 성공하고픈 마음이 두 마리 용이 되어 똬리를 틀고 하늘로 날아올랐다. 다음 날 나는 그분의 집에 찾아갔다. 차를 한쪽에 세워두고 9시 45분경 그분의 집 앞에서 무릎을 꿇고 문자를 보냈다.

'사장님, 저 사장님 집 앞에 와 있습니다.'

10시가 되자 파란 대문이 끼익 소리를 내며 열리더니 그분이 나왔다. 그분은 깜짝 놀라며 말했다.

"아니, 사장님이 왜 이곳에서 무릎을 꿇고 있으세요?"

그 말을 듣자마자 진심을 담아 얘기했다.

"ㅇㅇ님, 저와 선약하지 않으셨습니까! ㅇㅇ님이 저와 한 약속을 먼저 실행하지 않으면 저는 이 자리에서 절대 일어나지 않겠습니다!"

그분은 놀란 눈으로 나를 바라보더니 그렇게 하겠다고 하면서 내 팔을 잡고 나를 일으켜 세웠다. 그날 그분은 결국 다른 약속을 취소하고 나와의 약속을 지켰다.

비록 그분과 함께 비즈니스를 하지는 못했지만, 그분은 제품을 써보고 내 왕팬이 되어 많은 이에게 소개해주었다. 훗날 그분은 이렇게 말했다.

"대문을 열고 나왔을 때 누군가가 나를 위해 무릎을 꿇어준 적이 없었어요. 생전 처음 본 광경에 감동했고 또 그 정도로 간절한 열정이 있는 분이라면 뭐든 해내겠다는 생각이 들었어요."

지금 생각하면 따로 잡은 약속이 내 약속보다 더 중요했을 수도 있었을 텐데 미안한 마음이 든다.

그때 나는 어떤 마음으로 그렇게 행동했을까? 아마도 외부로 향한 자존심이 아니라 내부로 향한 자존감이 작동했기 때문일 것이다. 나는 그 일 자체가 좋았고 남에게 이로움을 준다는 가치 역시 내적 동기부여로 작동했다. 무엇보다 자존심 따위는 아랑곳하지 않을 만큼 간절한 꿈이 있었기에 행동으로 이어진 듯하다.

자존심이라는 꽃이 떨어져야 성공의 열매를 맺는다. 주변을 보면 자존심이 강한 사람은 그것을 버리지 못하고 늘 불평과 불만으로 가득한 삶을 산다.

진정한 자존심은 자존감이다. 내면에서 나오는 자존감이 견인차 역할을 하면 성공이라는 외적 결과가 만들어진다. 그럴 때 우리의 자아는 설렘과 기쁨의 왈츠를 춘다. 성공하는 사람들은 내가 통제할 수 없는 외적 요소가 아니라 오늘 당장 내가 컨트롤할 수 있는 내적 요소에 온전히 마음을 집중한다.
지금 하는 일에서 성공을 위한 내적 동기부여는 무엇인지 찾아보자!

02. 언어는 존재의 '집'

'당신'이란 말은 당신 안에 신이 있다는 뜻이다. 나는 가끔 나를 신이라고 착각한다. 그래서 내가 목표를 세워 실천 계획을 짜면 뭐든 이룰 수 있다고 확신하고, 실천 계획을 기반으로 어떤 일이든 될 때까지 도전하고 또 도전한다. 이때 이룰 수 있다는 확신은 뇌에 빛의 스위치를 켜서 마음이 설렘으로 가득하게 한다.

내비게이션에 목적지를 입력하고 안내대로 운전하면 반드시 그곳에 도착한다. 목표를 이루고자 하는 당신도 마찬가지다. 정확한 목표를 입력하자. 그렇지 않으면 당신 스스로 발목이 잡힐 수 있다. "우리의 가장 큰 적은 '자신'"이라는 말이 괜히 나온 게 아니다.

당신의 목표를 더욱 선명하게 만드는 것은 긍정 확언이다. 이렇게 외쳐보자.

"나는 무엇이든 할 수 있다!"

언어는 존재의 집이다. 자신이 뱉어낸 실에 싸여 살아가는 누에처럼 인간은 자신이 내뱉은 언어 세계에 갇혀 살아간다. 일본에는 말에 영적인 힘이 깃들어 있다고 믿는 언령(言靈) 신앙도 있다. 언어에는 영뿐 아니라 입자 파동이 있다. 내 입에서 나오는 말은 내게서 가장 가까운 귀가 먼저 듣는다. 누굴까? 바로 당신이다. 당신이 내뱉는 말에 가장 큰 영향을 받는 사람은 당신이다. 그 언어는 사라지지 않고 공기 중을 떠돌다 한 장, 한 장의 벽돌이 되어 당신의 집을 완성한다.

당신은 초가집처럼 허름한 집을 짓고 있는가, 아니면 궁전 같은 근사한 집을 짓고 있는가? 우리는 우리가 만든 그 집에 들어가 산다. 당장 오늘부터라도 부정적 언어를 몽땅 없애자. 뇌리에 남아 있는 부정적 찌꺼기도 하얗게 세탁하자.

생각도 언어다. 생각은 내가 나에게 하는 말이다. '나는 할 수 있다. 나는 성장한다'라고 긍정적 생각을 하면 긍정적 결과가 나온다. 반면 부정적 생각을 하면 그 결과도 부정적이다. 이것은 인풋(Input)과 아웃풋(Output)이 명확한 생산공정과 같다.

생각 역시 언어라는 사실을 명심하자. 당신이 평소에 어떤 언어를 쓰느냐에 따라 당신은 신이 될 수도, 하찮은 존재로 남을 수도 있다. 긍정적 언어를 쓰자. 그러면 당신이 계획하는 모든 것이 이뤄진다. 더러 힘들긴 해도 안 되는 것은 없다. 다만 시간이 좀 걸릴 뿐이다.

03. 언어의 맛과 향기

언어에는 맛이 있다. 단맛, 짠맛, 매운맛, 고소한 맛, 쓴 맛, 떫은맛 등 당신이 평소에 쓰는 언어는 어떤 맛인가? 언어에는 향기도 있다. 어떤 언어에서는 달콤한 향이 나고 또 어떤 언어는 악취를 내뿜는다. 러시아의 대문호 레프 톨스토이(Leo Tolstoy)의 대표작 《안나 카레니나》는 이런 문장으로 시작한다.

"행복한 가정은 모두 비슷한 이유로 행복하지만, 불행한 가정은 저마다의 이유로 불행하다."

행복한 가정은 달콤한 맛과 아름다운 향기가 나는 존중의 언어를 쓴다. 부부가 서로에게, 부모가 아이에게, 아이가 부모에게 향기로운 존중의 언어를 쓰기에 가정 분위기가 온화하다.

반대로 불행한 가정은 쓰레기 같은 언어가 난무하는 성토장 같다. 부부는 바깥일에서 받은 스트레스 쓰레기를, 아이는 학교나 사회에서 받은 스트레스 쓰레기를 모두 집에 쏟아낸다. 온화하고 평화로워야 할 보금자리에서 각자 내뱉은 쓰레기로 악취가 진동하는데 어떻게 행복할 수 있겠는가.

이제는 바꿔보자. 주변 3미터 안에 있는 모든 사람을 말로 행복하게 해주자!

말은 배고픈 사람에게 밥 한 공기가 될 수 있고, 좌절한 사람에게는 희망이 될 수 있다. 그리고 우울한 사람에게는 기대감이 될 수 있다.

내가 지나간 자리마다 행복과 희망의 향기가 넘쳤으면 좋겠다.

04. 삶은 목적이 아니라 여정이다

삶의 여정을 즐기자. 마치 좋은 사람들과 좋은 언어로 이야기하며 맛있는 음식을 즐기는 것처럼 말이다. 맛있는 음식을 먹으면서 서로 즐겁게 이야기를 나누면 행복하지 않은가.

성장도 성공이다. 성장도 기쁨이고 즐거움이다. 순간순

간을 음미하며 소소한 행복을 맛보자. 작은 성장에 기쁨을 느껴야 큰 성장에 크게 기쁨을 느낄 수 있다. 그것이 여정을 즐기는 묘미다.

시작과 끝만 바라보지 말자. 여정을 무시하면 수십 년 동안 앞만 보고 달려 성공한 다음 회의감에 젖을 수 있다. 그런 우를 범하지 않아야 한다. 그러려면 우린 성장 과정에도 감사와 희열을 느낄 줄 알아야 한다.

05. 보랏빛 소 아이템!

경영학의 그루 세스 고딘(Seth Godin)은 마케팅 분야의 베스트셀러 《보랏빛 소가 온다》에서 '주목할 만한 가치가 있고, 예외적이고, 새롭고, 흥미진진한 것'을 보랏빛 소라고 말한다. 정오쯤 차를 타고 어느 시골 마을을 지나가는데, 누렁소 사이에서 보랏빛 소 한 마리가 햇살을 받아 빛이 나고 있다면 그 광경을 관뚜껑을 닫을 때까지 잊을 수 없을 것이다.

마케팅에는 보랏빛 소나 블랙 스완 같은 차별화한 아이템이 필요하다. 백조(白鳥)는 글자 그대로 흰색인데, 1697년 영국 자연과학자 존 라삼이 호주에서 검은 백조를 발견하면서 전 세계에 충격을 안겨주었다. 흑조(黑鳥)가 나타나 모두의 이목을 끈 것이다.

시장에서 선택받으려면 바로 그런 아이템이 필요하다. 기업 입장에서 선택받느냐 선택받지 못하느냐는 그야말로 생존 문제다. 세상에 널려 있는 수많은 아이템 중 어떻게 선택받을 것인가? 마케팅이 내딛는 길은 두 갈래뿐이다. 디퍼런트(Different) 혹은 다이(Die), 즉 차별화하거나 아니면 죽거나.

사람의 귀는 보수적이고 눈은 진보적이다. 우리의 생리 구조상 새로운 것에 관심을 보이는 쪽은 눈이다. 이왕이면 시각 측면을 차별화하자. 기존 관습을 깨면 혁신적이고 새로운 세상이 열린다.

이미 온갖 경쟁자가 피를 흘리는 레드오션 시장에 합류해 이전투구(泥田鬪狗)하는 것이 아니라 콜럼버스의 달걀처럼 새로운 블루오션 시장을 만들어야 한다. 예전엔 공룡기업이 작은 기업을 잡아먹었지만, 지금은 빠른 놈이 느린 놈을 잡아먹는 세상이다. 빠르다는 것은 곧 차별화다.

승자를 이기는 약자의 전략은 크게 세 가지로 요약할 수 있다.

첫째, 운동장을 새롭게 바꾼다. 새로운 환경에서 싸우라는 얘기다. 육지에서는 토끼가 거북이보다 빠르지만, 바다에서는 거북이가 토끼보다 훨씬 빠르다.

둘째, 게임의 룰을 바꾼다. 게임에서 승리한 기업이 아니라 게임의 룰을 바꾸는 데 승리한 기업이 되자.

셋째, 내가 원하는 시간과 장소에서 싸운다. 《삼국지》에서 제갈량이 이용한 호로곡(호리병 모양의 골짜기)이나 이순신의 명량대첩으로 유명한 울돌목(유리병의 목처럼 갑자기 좁아지는 해로)을 선택하면 한 사람이 길목을 지켜도 천 명을 떨게 할 수 있다.

성공을 위한 향연을 펼치는 보랏빛 소 아이템으로 새로운 세상을 열어가자!

06. 독서는 뷔페다

독서는 맛있다. 일단 책을 고를 때부터 군침이 돈다. 서점에 놓인 다양한 메뉴의 책에서는 맛깔스러운 향기가 난다.

나는 눈을 감고 맛과 향을 음미한다. 오늘은 어떤 문장을 만날까? 꿀처럼 달콤한 문장일까, 석류처럼 새콤한 문장일까? 씀바귀처럼 쓴 문장일까, 수프처럼 부드러운 문장일까? 아니면 커피처럼 여운의 향을 남기는 문장일까? 아무렴 어떤가. 다 맛있는 것을. 사이다처럼 톡 쏘는 경쾌한 문장도 좋다!

매일 먹는 음식이 내 몸을 만들 듯, 매일 하는 독서는 내 영혼을 살찌운다. 덕분에 나는 매일 새롭게 태어난다.

하얀 바다 위에서 집중과 기다림의 낚싯대로 잡아 올린 문장들은 즉석 횟감이나 마찬가지다. 나는 그 싱싱한 회를 새콤달콤하고 때론 열정이 가득한 내 경험이라는 초장에 찍어 먹는다. 그 문장들은 피가 되어 내 혈관을 타고 흐르고, 살이 되어 다시 생각의 몸을 만든다.

인간은 음식을 먹지 않으면 죽는다. 마찬가지로 독서하지 않으면 영혼이 성장을 멈춘다. 성장은 인간의 본능이다. 인간은 성장해야 카타르시스를 느낄 수 있다. 물만 주어도 쑥쑥 자라는 콩나물처럼 나는 매일 독서로 어제의 내가 아니라 한 뼘 더 성장한 나로 거듭난다.

오늘도 나는 책을 보며 군침을 흘린다!

07. 세상과 만나는 첫 번째 명함, 얼굴

"낙하산과 얼굴은 펴져야 산다"라는 말이 있다. 얼굴을 펴면 인생살이도 그만큼 펴진다고 한다. 왜 그럴까? 그 이유를 세 가지만 살펴보자.

첫째, 근육은 우리가 계속 사용하면 발달하고 사용하지 않으면 퇴화한다. 이것은 얼굴 근육도 마찬가지다.

주변에 보면 나이가 들면서 입꼬리가 살짝 올라가고 표정이 밝은 사람이 있다. 반면 미간과 이마에 주름이 잡혀 있어 인상과 표정이 어두운 사람도 있다. 평소의 표정에 따른 생활 주름은 그 사람을 빛나게도 하고 어둡게도 한다.

하루 24시간 중 내가 내 얼굴을 보는 시간은 얼마나 될까? 3분에서 10분 사이다. 내 얼굴은 대부분 타인이 본다. 결국 내 낯짝은 남의 낯짝인 셈이다.

당연한 얘기지만 표정은 밝은 것이 좋다. 세상의 좋은 일과 기회는 모두 사람이 가져다준다. 밝은 표정을 짓자. 그래야 사람들이 좋은 일과 기회를 가져다준다. 찡그리는 표정을 좋아하는 사람은 없다. 아니, 찡그리면 오히려 피하고 싶어진다.

둘째, 얼굴을 펴고 웃으면 부정적 생각을 할 수 없다. 지금 잠시만 입꼬리를 올리고 미소를 지어보자. 눈까지 웃는 뒤센 미소(Duchenne Smile)를 지어라! 이것은 프랑스 심리학자 뒤센이 관찰 연구한 미소로 억지로 지을 수 없는 자연스러운 미소를 말한다.

그렇게 천연 미소를 지으면서 과연 욕을 할 수 있을까? 한 번 해보라. 십장생, 개나리, 수박씨 발라먹을…. 오히려 웃음이 나올 것이다. 진정한 미소를 지으면 부정적 생각을 하기 어렵다. 진정한 미소에는 긍정적 생각이 뒤따른다.

셋째, 우리 몸은 파동의 영향을 받는다. 우리 몸은 소우주로, 대우주에서 무엇을 끌어당길지 파동을 보낸다. 모든 물체에 파동이 있다는 것은 이미 양자 물리학이 밝혀냈다. 내가 어떤 생각을 품으면 그런 환경과 사물을 끌어당긴다.

같은 맥락에서 얼굴 근육을 활짝 펴고 진정한 미소를 지으면 긍정의 파동을 발산한다. 그리고 발산하면 흡수한다.

08. 세상에서 가장 힘이 센 '반복 효과'

아마추어는 반복을 싫어하고 프로는 반복을 즐긴다. 가령 축구선수 손흥민은 하루 1,000개씩 슈팅 연습을 했다. 그처럼 무수한 반복 끝에 탄생한 것이 바로 '손흥민 존(Zone)'이다.

성공하려면 반복으로 무의식을 바꿔야 한다. 보이는 것을 바꾸기 위해서는 반드시 보이지 않는 것, 즉 무의식을 바꿀 필요가 있다. 의식적으로 반복하면 습관이 형성된다. 그것이 무의식이다.

성공하는 사람에게는 성공 습관이 있고, 실패하는 사람에게는 실패 습관이 있다. 이러한 습관 진행은 4단계로 이뤄진다.

1단계는 의식적 무능함이다.

2단계는 의식적 유능함이다.

3단계는 무의식적 무능함이다.

4단계는 무의식적 유능함이다.

예를 들어 운전을 처음 배울 때 1단계는 '나, 운전 못해'
다. 2단계에는 브레이크 페달에서 발을 뗀 뒤 액셀을 밟
고 출발한다. 이때 긴장하며 땀을 흘린다. 3단계에는 장
롱면허 상태처럼 다시 운전대를 잡아도 긴장한다. 4단계
에는 운전하면서 경치가 눈에 들어오고 커피도 마신다.
무의식적 유능함의 단계로 접어드는 것이다.

어떤 행동을 21일 동안 반복하면 '점'이 생긴다(계란은
21일이 지나면 병아리로 부화한다). 66일을 반복하면
'결'이 생기고, 100일이면 습관이 완성 단계에 이른다. 반
드시 100일을 실행해 무의식적 유능함의 단계까지 나아
가자!

09. 중간은 없다

많은 사람이 중간을 좋아한다. 두드러지기도 싫고 그렇다고 뒤처지기도 싫기 때문이다. 중간에 있어야 안심하는 사람도 많다. 안됐지만 세상에 중간은 없다. 가령 습관에는 좋은 습관, 나쁜 습관만 있을 뿐 중간 습관은 없다.

가만히 있으면 중간은 간다고? 아니다. 가만히 있으면 오히려 나빠진다. 돈을 벌지 않고 가만히 있으면 어찌 될까? 그냥 파산하고 만다. 가만히 있어도 집세, 전기세, 수도세, 전화요금 등을 내야 하니 점점 가난해진다.

운동을 하지 않으면 중간이라도 갈까? 운동하지 않으면 근육이 퇴화하면서 몸이 더 나빠진다.

집에 가만히 있으면 기분이 중간이라도 갈까? 집에 가만히 있으면 마음이 가라앉고 우울해진다.

가만히 있는 건 죽은 것이다. 인간은 도전과 응전의 역사 속에서 살아 숨 쉬고 발전한다. 모두가 움직이는데 나 혼자 가만히 있으면 그건 그냥 퇴보다. 마라톤 대회를 상상해보자. 모두가 앞으로 달려가는데 나 혼자 가만히 있으면 어찌 되는가.

살아 있는 인간에게 중간은 없다. 이건 인간에게 던져진 숙제다. 이왕 살아야 한다면 축제처럼 즐기면서 성장하자. 어차피 중간은 없다. 매일 단 1%라도 성장하기 위해 자신의 등을 떠밀자. '3게'로 말이다. 재미있게, 즐겁게, 신나게!

오늘의 '보냄'은 내일의 '당김'과 연결되어 있다. 강물은 흘러가는 것이 아니라 흘러온다. 시간도 흘러가는 게 아니라 흘러온다.

내가 삶을 주도적으로 살아야 삶이 활짝 미소를 짓는다. 내가 먼저 선제공격하며 길을 열어가자! '누군가가 나를 도와줄 거야' '누군가가 나를 행복하게 해줄 거야' 하고 기다리거나 바라지 말자. 내가 먼저 나아가자. 삶을 마중하자!

10. 기적은 일어나는 것이 아니라 만드는 것이다

많은 사람이 자기 삶에 기적이 일어나길 바란다. 좋은 시험에 합격하길 바라고, 직장에서 승진하길 바라고, 갑자기 어디선가 큰돈이 들어오길 바란다.

삶의 바람에 이리저리 휩쓸리는 사람은 흔히 기적을 바란다. 그러나 삶을 주도적으로 이끌어가는 사람은 '오늘 내가 하는 즐거운 도전 행위' 자체가 이미 기적이라는 것을 안다.

기적은 막연한 기다림이 아니라 행동하는 설렘이다. 오늘 도전하고 행동하면서 작은 기적을 만들자. 그 작은 기적이 큰 기적을 이끈다.

불투명한 내일이 아니라 오늘에 집중하자. 많은 사람이 운동도, 다이어트도, 공부도 모두 내일부터 하겠다고 말한다. 내일은 없다. 나는 지금껏 내일을 만난 적이 없다. 성공자는 '오늘' '지금' '당장'이란 말을 좋아하며 즉시 행동으로 옮긴다.

독일 정신의학자 에밀 크레펠린(Emil Kraepelin)은 '작동 흥분 이론(Work excitement theory)'을 주창했다. 이 이론에 따르면 우리 뇌는 일단 일을 시작하면 뇌의 측좌핵 부위가 흥분하기 시작해 행동에 동기를 부여한다고 한다. 일단 행동하면 어쩔 수 없이 지속하고 결국 재미없던 일에도 몰두한다는 말이다.

실제로 매일 쌓는 벽돌 한 장, 한 장이 거대한 성을 건축하는 기적을 만든다. 사람들은 보통 그 성의 아름다움만 보며 감탄한다. 그 성을 이루는 벽돌 한 장, 한 장의 섬세함엔 관심이 없다. 그 벽돌 하나하나에 녹아든 행동, 끈기, 노력을 봐야 한다.

기적을 바라며 꿈만 꾸지 말고 손발을 움직여 행동하자! 기적은 일어나는 게 아니라 오늘부터 내가 만드는 것이다.

산책 정승호

아침 산책을 나섭니다.
집을 나서면
늘 걷던 길이 아닌
새로운 길이 열립니다.

길가에 핀 꽃들을 보고
나무의 잎사귀에 이슬이 맺힌 모습을 보며
행복을 느낍니다.
걷는 것만으로도
마음이 깨끗해지고
삶이 소중해집니다...

출처: [사랑의 고고학] 中에서

05
마음

마음의 상태는 모든 것의 근원이다.
생각하는 대로 너의 삶은 변화한다.

랄프 왈도 에머슨

05
마음

01. 무의식을 바꿔야 나의 세상이 바뀐다

새해 1월 1일이 되면 우리는 산이나 바다를 찾는다. 그곳
에서 떠오르는 태양을 보며 올해에는 꼭 다이어트, 독서,
운동 등을 하겠다며 이런저런 다짐을 하고 온다. 그런데
그 결심은 작심삼일로 끝나는 경우가 많다. 그 이유는 무
엇일까? 하나만 더 묻겠다. 아침에 일찍 일어나겠다고 다
짐해놓고 왜 일어나지 못하는 걸까? 그건 의식은 일어나
려 하지만 무의식은 전혀 요동이 없기 때문이다. 보이는
것을 바꾸려면 보이지 않는 것을 바꿔야 한다. 무의식 말
이다.

의식이 초등학생이라면 무의식은 대학생이다. 둘이 권투 시합을 한다면 초등학생은 번번이 패하고 말 것이다. "사람은 죽을 때 한 번 바뀐다"라는 말이 있을 정도로 우리는 쉽게 변하지 않는다. 무의식이 바뀌지 않아서다. 그러면 무의식은 어떻게 바꿔야 할까? 그것은 반복해서 몰입해야 가능하다. 한마디로 미쳐야 한다. 그러니까 불광불급(不狂不及), 즉 미치지 않으면 미치지(도달하지) 못한다. 생각의 끈을 놓치지 않고 미친 듯이 달려들어야 무언가를 이룰 수 있다. 달리 표현하면 몰입해야 한다.

당신이 지금 몰입하고 있는 것은 무엇인가? 아인슈타인은 논두렁을 걷다가 상대성 이론을 발견했다. 어릴 때 나는 논두렁을 걷다가 뱀을 발견했다. 뉴턴은 사과가 떨어지는 것을 보고 만유인력을 발견했다. 과수원 주인은 떨어지는 사과를 숱하게 보고도 어떤 것도 발견하지 못했다. 어릴 때 나는 과수원에서 역시나 뱀을 발견했다. 그 뱀을 팔아 학용품을 사고 과자도 사 먹었다.

변화에는 두 가지 방법이 있다.

하나는 단풍이 물들듯 서서히 물드는 것이고, 다른 하나는 미친 몰입으로 한꺼번에 확 변화하는 것이다. 이것을 다르게 표현하면 신바람이다. 몰입하면 극도의 카타르시스, 즉 행복감이 찾아온다. 긍정심리학의 거장 미하이 칙센트미하이는 인간은 몰입할 때 가장 행복하다고 했다. 이를 권투 시합에 비유하면 의식은 초등학생, 무의식은 대학생, 신바람 몰입은 타이슨이다.

아직 꿈을 이루지 못했는가. 그동안 이루지 못한 꿈을 이루기 위한 준비물은 '몰입하는 새로운 나'다. 미치자! 몰입하자! 그러면 성공의 레일 위에 올라설 수 있다.

마차가 주요 교통수단이던 시절, 포드는 자동차가 그 마차를 대체할 것이라고 생각하며 일에 몰입했다. 컴퓨터가 작은 건물만 할 때 빌 게이츠는 머지않아 집마다 개인용 컴퓨터를 보유할 것이라고 예측하며 일에 몰입했다. 남들은 이들에게 미쳤다고 했다.

손흥민 선수는 축구에 미쳐 월드 클래스가 되었다. 가수 현철이 부른 노랫말 "앉으나 서나 당신 생각, 앉으나 서

나 당신 생각, 떠오르는 당신 모습 피할 길이 없어라"처럼 온통 그 일에 몸과 마음을 꽉 채워야 한다. 그러면 신바람이라는 기차 레일 위에 올라서고, 그 기차는 나를 반드시 성공이라는 목적지에 데려다준다. 우리는 원대한 우주에 흔적을 남기는 위대한 삶을 살 수 있다. 반복하라. 몰입하라. 당신이 원하는 목표에 몰입하라. 그것이 바로 하루하루를 설레는 마음으로 살아가는 방법이다.

02. 성장을 위한 마인드 '내 탓'이요

모든 결과는 내 선택이 낳는다. 그런데 이를 인정하지 않고 다른 사람이나 외부 환경이 문제라고 생각하는 사람들이 꼭 있다. 장사가 안되면 경기를 탓하고 자신이 가난한 것은 나라 때문이라 여긴다. 심지어 정치권에서도 서로 네 탓 공방을 하느라 바쁘다.

한국은 세계 10위 경제 강국으로 부상했지만 OECD 가입국 중 자살률 1위로 행복지수가 하위권에 머물러 있다. 그 가장 큰 이유는 사회 전반에 흐르는 부정적 파동이다. 윗물이 맑아야 아랫물이 맑은 법인데 본보기를 보여야 할 정치인들이 하루가 멀다 하고 이권을 위해 다투니 그 부정적 파동이 사회와 가정 전반에 영향을 미치는 것은 당연하다.

얼마 전 세일즈를 하는 후배가 찾아와 하소연을 했다. 제품, 회사, 수당체계에 문제가 있어서 자기 일이 안 된다는 것이었다. 내가 물었다.

"너와 똑같은 조건에서 돈을 벌고 성공한 사람이 있어?"

후배는 같은 조건에서 성공한 사람이 있다고 했다. 그 말을 듣고 나는 그 차이점이 무엇인지 생각해보라고 했다.

우리는 왜 어떤 일이 발생하면 문제의 원인을 외부에서 찾으려고 할까? 그건 심리학적으로 우리에게 자기 보호 본능이 있어서다. 문제를 자기 탓으로 돌리면 자기가 상처를 받아 아프고 스스로의 자존감이 무너진다. 반대로 문제의 원인을 외부로 돌리면 스스로 위안을 받고 책임질 필요도 없어진다.

성공한 사회나 행복한 조직에는 문제가 발생하면 '내 탓'이라고 하는 분위기가 형성되어 있다. 예를 들어 행복한 가정에 문제가 생기면 서로 '내 탓'이라고 한다. "미안해, 내 탓이야. 고치도록 노력할게." 성공한 회사에서도 문제가 일어나면 서로 '내 탓'이라 생각한다. "죄송합니다, 저희가 부족했습니다." 직원은 자신들의 개선점을 찾고 오너 또한 스스로 부족한 점을 찾는다. 모든 구성원이 '내 탓'을 외치며 함께 노력하는 집단은 발전하고 성장한다.

그럼 성장하는 기업과 조직이 문제의 원인을 내 탓으로 돌리는 이유는 무엇일까? 먼저 문제가 일어났을 때 '내 탓'이라고 생각하면 내가 문제를 통제할 수 있다. 그리고 통제가 가능한 일은 개선하거나 변화하는 것이 어렵지 않다. 고치거나 부족한 것을 채우면 그만이다. 하지만 문제를 남 탓으로 돌리면 통제 밖의 일이 된다. 통제 밖의 일은 내 책임이 아니니 스스로 변화하거나 개선할 이유가 없어진다. 예를 들어 식당에서 밥을 먹는데 자동차가 식당을 덮치는 바람에 큰일이 날 뻔했다면 그 차 운전

자에게 문제가 있는 것인가? 그렇긴 하다. 그럼 그 시간에 그 식당으로 밥을 먹으러 간 내게는 문제가 없을까? 길을 가다가 개똥을 밟고 뒤로 넘어졌을 경우, 그 개똥을 치우지 않은 주인을 원망해야 할까? 아니다. 개똥을 못 보고 밟은 내게 책임이 있다. 내가 실적을 올리지 못하는 것은 회사와 제품, 수익구조 탓일까? 아니다! 내 그릇과 노력이 부족하기 때문이다.

'내 탓'이라 생각하자. 그러면 나는 어떤 상황에서도 변화하고 발전한다.

삶은 사실학이 아니라 해석학이다. 모든 순간이 당신의 선택에 달렸다. 같은 조건에서도 분명 잘되는 사람이 있다. 가난한 나라에도 부자가 있고 부자 나라에도 가난한 사람이 있다. 이는 항상 '내 탓'이라고 생각하는 사람과 늘 '남 탓'이라고 생각하는 사람의 차이가 낳은 결과다.

세상은 우리가 죽을 때까지 우리에게 수많은 시험지를 던질 것이다. 앞으로 당신은 어떤 답안을 써내겠는가? 오늘부터 "절대 '남 탓'이 아니다. 완전히 '내 탓'이다"라고 답하자!

03. 목숨처럼 사랑하는 내 꿈

우리 형제는 7남매로 농사를 짓는 부모님 밑에서 넉넉지 않은 환경을 견뎌내야 했다. 어머니와 아버지는 새벽에 나가 밤에 별을 보며 들어올 만큼 고되게 일했으나 형편은 나아지지 않았다.

여기에다 아버지가 술을 지나치게 좋아한다는 문제도 있었다. 낮술까지 드셨으니 365일 중 366일을 술로 사신 셈이었다. 술잔은 소주잔이나 맥주잔이 아니라 대접이었다. 그 탓에 하루 종일 고된 농사일을 하고 들어와 밤에 어머니와 티격태격하는 일이 잦았다. 두 분은 복싱에 암바 기술까지 동원하기 일쑤였다. 아버지가 술에 취해 두 분이 심하게 싸우는 날에는 우리에게까지 불똥이 튀었다.

아버지가 마구 화를 내며 지게 작대기로 때리려 하면 우린 어머니와 함께 비닐하우스로 도망쳤다. 그런 날엔 비닐하우스에서 고추 모종 이불을 덮고 밤하늘을 보며 잠을 청했다.

어느 날 밤하늘의 별을 보고 있는데 그 칠흑 같은 어둠

속에서 별똥별 하나가 떨어졌다. 그 순간 나는 소원을 빌었다.

"사장이 되게 해주세요~"

그렇다. 내 꿈은 사장이 되는 것이었다. 나는 어렸어도 가난이 싫었다. 내 할머니는 힘들게 농사를 짓다가 돌아가신 뒤 그 밭 모서리 산에 묻혔다. 아버지와 어머니도 평생 고된 농사일을 해야 했다. 그런데 살림살이는 도무지 나아질 기미가 보이지 않았다.

초등학교에 다닐 때, 나는 급식으로 나오는 우유를 먹는 친구들이 몹시 부러웠다. 나는 버스비 100원이 없어서 산 두 개를 넘어 걸어서 다녔다. 학교에 다녀와 학원에 가거나 주말에 노는 친구는 더 부러웠다. 우리 형제는 학교에서 돌아오면 평일이든 휴일이든 농사일을 거들어야 했다. 어린 마음에도 나는 그 모든 것이 지긋지긋한 가난 때문이라는 것을 알았다.

그러던 어느 날 TV를 보는데 사장이 넥타이를 맨 양복 차림에 기사가 운전하는 차를 타고 미끄러지듯 출근하는 게 아닌가.

"그래, 바로 저거야! 난 사장이 되어야겠다."

나는 진정 가난의 고리를 끊고 싶었다. 그때부터 나는 반드시 사장이 되겠다고 결심했다. 그것은 어린 내 가슴에 '신념의 알'로 자리 잡았다. 그렇게 인생 방향을 정했기에 나는 청년 시절부터 태양열 대리점, 밤 유통, 자동차 도색, 식당 경영 그리고 지금의 회사 운영까지 사업에 매진했다. 결국 나는 내 꿈을 이뤘다. 이제는 꿈을 넘어선 꿈을 실천하고 있다.

별똥별이 떨어질 때 소원을 빌면 정말 이뤄질까? 어쨌거나 나는 이것을 실제로 경험했는데 여기에는 과학적 근거도 있다. 별똥별은 눈에 띄자마자 거의 1초에서 2초 안에 사라진다. 그 짧은 순간에 소원을 빌려면 평소 마음속에 꿈을 품고 다녀야 한다. 그래야 별똥별을 보자마자 바로 소원을 빌 수 있다.

우리는 마음속에 생생하게 품은 꿈을 닮아가고 그 꿈은 마침내 이뤄진다. 꿈과 함께 눈을 뜨고, 꿈과 함께 호흡하고, 꿈과 함께 밥을 먹고, 꿈과 함께 울고 웃고, 꿈과 함께 잠자리에 들자. 물고기가 물을 떠나 존재할 수 없고 달이 지구를 떠나 존재할 수 없듯, 우리는 꿈을 떠나 존재할 수 없다. 나도 그렇다. 나는 내 소중한 꿈을 목숨처럼 사랑한다.

04. 구름 위의 삶

구름 아래의 삶은 눈, 비, 바람, 태풍의 영향을 고스란히 받는다. 하지만 구름 위의 삶은 그러한 영향을 전혀 받지 않고 늘 화창하다.

서울에 처음 올라왔을 때 나는 오다리 버터구이를 시작으로 순대, 호떡 노점상을 했다. 그렇게 돈을 모아 자동차 도색 가게를 열었다. 그런데 앞서 말한 대로 사업이 잘되자 비슷한 가게가 우후죽순 늘어나면서 스트레스가 이만저만이 아니었다.

어느 날 새벽 3시 무렵 작업을 하던 나는 갑자기 배를 움켜쥐고 데굴데굴 굴렀다. 급히 119구급차를 불러 병원으로 가 진단을 받으니 위천공이라 했다. 술과 담배를 멀리하는 나로서는 황당한 일이었다. 경쟁자가 지나치게 늘어난 상황이 내게 엄청난 스트레스로 다가온 모양이었다.

이후 갈빗집을 열고 잘나가다 또다시 엎어진 이유도 자본을 등에 업은 경쟁자가 출현한 탓이었다. 아무리 울고 불고하고 세상을 향해 원망을 토해낸들 달라지는 것은 없었다. 현실은 어디까지나 현실이었다.

사랑하는 아내와 눈에 넣어도 아프지 않을 아이 둘을 건사하며 어떻게든 살아야 했다. 직장에 들어갈까, 아니면 예전에 하던 막노동을 다시 해볼까? 고민이 끝없이 이어졌다.

갈빗집을 접은 뒤 빚이 5억 넘게 남았다. 모든 걸 정리하고 LH에서 빌려준 보증금 700만 원에 월세 50만 원짜리 빌라로 이사했다. 낡아빠진 실내 구조는 그렇다 치고 한여름엔 옥상의 지열로 너무 더웠고, 한겨울에는 외풍이 심해 이불을 덮어도 입김이 보일 정도였다. 그런 집에도 결국 빨간딱지가 붙고 채권자들이 찾아와 압박했다.

그 가난에서 벗어나야 했다. 내게는 선택권이 많지 않았다. 무엇보다 돈을 투자할 수 없었다. 몸뚱이 하나로 열정을 다하면 다할수록 돈을 더 버는 사업이 최적이었다. 그러던 중 나는 직판 유통회사와 연결되었다. 무자본, 무점포, 무경험으로 사업이 가능한 '3무 사업'이었다.

여전히 채권자들이 집으로 찾아왔기 때문에 나는 사무실

에 라꾸라꾸 침대를 펴놓고 잤다. 크리스마스와 설날에도 집에 가지 않았다. 아니, 갈 수가 없었다. 그렇게 4개월 정도를 보냈다.

다른 사람과 동선이 겹치지 않으려고 나는 매일 새벽 6시에 샤워를 했다. 12월 새벽, 화장실에서 주황색 바가지로 머리에 찬물을 부으면 정수리부터 타고 내려오는 한기가 면도칼로 긋듯 온몸에 파고들었다. 그 느낌이 내 처지를 상기하도록 만들었다.

그렇게 나는 매일 날카로운 칼을 목에 대는 심정으로 다짐했다.

"만약 내가 이 회사에서 성공하지 못하면 그냥 죽자! 이걸 못 해내면 나는 살 가치가 없다! 그동안 패기와 열정을 이렇게 저렇게 불태웠지만 그 청춘의 열정은 하얀 재가 되어버렸다. 이번에도 성공하지 못하면 죽으리라."

이런 각오로 나는 아침부터 밤늦게까지 피를 토하듯 회사, 제품, 마케팅을 설명했다. 그리고 모두가 집으로 돌아가면 혼자 사무실에서 라꾸라꾸 침대를 펴며 벌거벗은 내 현실과 마주했다.

어린 두 아이가 몹시 보고 싶었으나 집에 갈 수 없었다. 아니, 가고 싶지 않았다. 채권자와 마주치기 싫었고 처량한 내 현실과 마주하는 것은 더 싫었다. 그래도 아이들이 보고 싶으면 일요일에 사무실 근처 중국음식점으로 불렀다. 두 아이가 자장면을 먹고 해맑은 표정으로 손을 흔들며 가는 뒷모습을 보면서 나는 눈물을 씹어 삼켰다.

나는 반드시 성공한다! 내 아이들에게 가난을 물려줄 수는 없다!

거의 매일 웅크리고 새우잠을 잤지만, 아이들을 만난 날은 특히 더 두 다리를 펴고 잘 수가 없었다. 그야말로 절망의 벼랑 끝에 서 있었으나 절대 포기할 수 없었다. 나는 성공을 상상했다. 말 그대로 새우잠을 자면서 고래의 꿈을 꿨다! 지금은 이렇게 초라한 새우지만 고래가 되어 저 태평양에서 헤엄치리라!

결국 나는 내 사업에서 성공을 거뒀다. 덕분에 5억 원 넘는 빚을 2년여 만에 갚고, 한강이 보이는 아파트에서 가

사도우미의 도움을 받으며 사는 환경으로 바뀌었다. 또한 부동산 재테크로 5년 만에 평생 먹고살 수익도 올렸다.

나는 20여 년 동안 구름 아래의 삶을 살았다. 그 기간에 온갖 풍파를 겪은 나는 바닥에서 일어나 약 5년 만에 구름 위의 삶을 살게 되었다. 이제는 먹고 싶은 것 마음대로 먹고, 사고 싶은 것 마음대로 사는 자유가 어떤 것인지 잘 안다. 그것은 엄청난 자유다.

많은 사람이 구름 위의 삶을 살았으면 좋겠다. 그것은 내 꿈이자 바람이다. 가난하게 태어난 것은 내 잘못이 아니지만 가난하게 죽는 것은 내 잘못이다. 이왕 태어났으니 우리 모두 구름 위의 삶을 살아보자!

05. 손가락 세 개를 펴보면 구름 위의 삶이 완성된다

내가 꿈꾸는 삶은 구름 위의 삶이다. 많은 종교가 사후의 삶을 이야기한다. 그들은 천국, 극락왕생 등 고통은 없고 행복과 기쁨만 가득한 곳으로 갈 수 있다고 말한다. 나는 아직 종교적 신앙의 뿌리가 약하다. 고백하건대 나는 천국이 있을지 없을지 고민하는 다른 많은 사람과 마찬가지로 그 경계에 서 있다. 물론 어느 목사님의 얘기는 마음에 와닿는다. "천국이 없다고 믿고 막살다가 죽었는데 실제로 있으면 쪽박, 있다고 믿고 신실하게 살다가 죽었는데 실제로 있으면 대박"이라는 얘기 말이다. 어차피 우리가 지구를 여행하는 시간은 길어야 100년이다. 지구 나이 46억 년을 생각하면 그야말로 찰나의 순간이다. 만약 사후세계가 있다면 우린 그곳에서 훨씬 더 많은 시간을 보낼 것이다. 나는 사후세계가 있든 없든 살아 있는 지금이 천국이고 죽어서도 천국에 갈 수 있으면 좋지 않을까 생각한다. 우리가 죽으면 혹시 천국 입구에서 면접을 보지 않을까? 정말 그렇다면 면접에서 떨어질 사람이 꽤 많을 듯하다. 어쩌면 우리의 표정부터 그 차이를 만들지도 모른다. 어떤 사람은 행복감에 즐겁고 밝은 표정을 짓고, 또 어떤 사람은 후회와 괴로움에 인상을 쓰고 있으리라. 만일 당신이 천국의 면접관이라면 어떤 사람을 천국에 들여보내겠는가?

천국은 정말 행복하고 즐거운 곳이라고 한다. 그런데 얼굴에 근심과 걱정이 가득하고 심술보가 덕지덕지 붙은 사람이 천국에 들어갈 수 있을까? 천국의 물을 흐린다고 아예 입구에서 저지당한 후 지옥으로 떨어지지 않을까?

자비로우신 신은 우리를 지구에 보낼 때 고통 속에 살다가 오기를 원치 않았을 것이다. 분명 즐겁고 행복하게 살다가 오라고 보냈으리라. 그런데 몸이 간장에 절인 장아찌처럼 근심, 걱정으로 절어 있고 화선지가 먹물을 빨아들이듯 우울이 스며 있다면 어떻겠는가? 그 모습으로 과연 천국에 갈 수 있을까? 사후에 모두가 천국에 갈 수 있도록 지금 우리가 살아가는 이곳을 천국으로 만들자.

나는 이생의 천국을 '구름 위의 삶'이라 칭하고 싶다. 그럼 구름 위의 삶을 살려면 어떻게 하는 것이 좋을까?

주먹을 쥔 다음 손가락 세 개를 펴보자. 엄지, 검지, 중지! 그 각각의 손가락에는 뜻하는 것이 있다.

첫째, 엄지는 마음 천국이다. 아무리 돈이 많아도 마음 천국을 이루지 못하면 삶이 괴롭다. 우리나라 갑부였던 삼성 이건희 회장은 향년 78세로 돌아가셨는데 약 6년 5개월을 병상에 누워 있었다. LG그룹 구본무 회장은 19세밖에 안 된 외아들이 사망하는 슬픔을 겪었고, 본인은 향년 73세에 생을 마감했다. 넥센 창업주 김정주 회장은 자산이 약 16조 원으로 알려졌는데 54세에 자살로 생을 마감했다.

마음공부를 소홀히 하면 사업의 성공과 내 목숨을 맞바꿀 수도 있다. 마음공부가 안 되면 궁궐 같은 큰집이 무슨 소용인가? 마음공부가 되면 작은집에 살아도 행복할 수 있다.

둘째, 검지는 관계 천국이다. 우리는 혼자 살아갈 수 없다. 인간(人間)의 한자를 보면 '사람이 서로 기대 사람 사이에서 살아가는 존재'임을 나타내고 있다. 관계는 때로 상처를 주지만 또 때론 사랑과 기쁨과 즐거움을 준다. 우린 관계 천국을 만들어야 행복하다. 나만 행복하면 반쪽짜리 행복이다. 예를 들어 나는 행복한데 부모나 형제 중 누군가가 아파서 매일 누워만 있으면 내 행복은 문을 열고 나가버린다. 나는 돈을 잘 벌어 성공했지만 아주 친한 친구나 형제가 가난에 찌들어 불행하게 살고 있다면 마냥 행복할까? 너와 내가 아닌 우리 모두가 행복할 수 있는 세상을 만들면 어떨까? 진정 그런 세상이 아름답고 한없이 행복하지 않을까?

우리는 모두 연결되어 있다. 우리는 미래 비전을 공유한다. 우리는 함께할 때 안전하다. 성공도 마찬가지다. 데일 카네기는 성공의 85%는 인간관계에 달려 있다고 했다. 특히 좋은 일과 기회는 사람과의 관계에서 온다고 했다. 관계 천국을 만들어 선한 영향력을 끼치자.

셋째, 중지는 경제 천국이다. 어떤 이들은 돈이 다가 아니라고 말한다. 물론 다는 아니지만 인생에서 돈은 필수다. 만약 돈이 없으면 전기세, 수도세, 난방비, 휴대전화 요금은 어떻게 내겠는가? 지금은 경제력이 없으면 결혼도, 출산도 하기 힘든 세상이다. 현시대에 돈은 단순히 생활을 넘어 사람으로서 존중받는 수단이기에 반드시 필요하다.

경제 천국은 단순히 먹고사는 것을 뛰어넘는다. 그것은 진정한 경제적 자유인을 뜻한다. 돈에 전혀 구애받지 않는 삶, 먹고 싶은 것과 사고 싶은 것을 가격에 상관없이 자유로이 살 수 있는 수준이 바로 경제 천국이다.

이생에서 이 세 가지 천국을 소유하면 구름 위의 삶을 완성할 수 있다. 지금의 삶에 만족하는가? 만약 그렇지 않다면 문제는 과거 당신의 선택에 있다. 행복을 위한 선택, 좋은 관계를 위한 선택 그리고 경제적 자유를 위한 선택이 잘못된 것이다.

이제 '지금'에 집중하자. 오늘의 멋진 선택으로 10년 후 구름 위의 삶을 꿈꿔보자!

좀 지쳤는가? 힘이 드는가? 잠시 눈을 감고 생각해보자! 먼저 10년 전의 삶을 잠깐 회상해보자! 지금의 나는 10년 전의 내게 무슨 말을 하고 싶은가? 이제 다시 현실로 돌아와 이번에는 10년 후의 삶을 상상해보자! 지금 당신의 멋진 선택으로 부자가 된 10년 후의 삶을 떠올려보자! 궁궐 같은 집, 모두가 부러워하는 고가의 차, 가족이 행복하게 웃는 모습, 친구들과 보내는 즐거운 시간 등 행복해하는 당신을 가슴으로 느껴보자! 이것이 진정 당신이 원하는 구름 위의 삶이 아닌가!

10년 후 구름 위의 삶을 사는 당신은 지금의 당신에게 어떤 이야기를 해주고 싶을까? '조금만 더 힘을 내! 넌 할 수 있어! 절대 좌절하거나 포기하지 마'라고 격려하지 않을까? 그 격려의 말을 듣자. 그러면 우리는 반드시 사랑하는 사람들과 함께 구름 위의 삶을 살게 될 것이다.

브라보, 마이 라이프!

06. 마음의 문을 여는 손잡이

세상의 문은 거의 다 밖에서 열 수 있다. 나무로 만들었든 철이나 콘크리트로 만들었든 모든 문은 물리적 힘으로 밖에서 열 수 있게 마련이다. 철옹성 같은 문일지라도 폭탄 한 방이면 열린다.

그러나 마음의 문은 다르다. 마음의 문을 여는 손잡이는 안에만 있다. 안에서 열어주지 않는 한 이것은 폭탄으로도 열리지 않는다. 그 문은 스스로 열고 나와야 한다.

그런데 아이러니하게도 우리는 상대의 '마음의 문'을 밖에서 강제로 열 수 있다고 생각한다. 그러다 보니 내 마음대로 되지 않으면 속상해한다. 그러한 생각으로 공연히 스트레스를 받지 말자. 내가 할 수 있는 일만 하고 판단은 상대에게 넘겨야 한다.

가령 친구에게 돈을 빌리고 싶다면 그 친구를 만나 편하게 얘기하라. 그런 다음 집에 돌아와 발 뻗고 자면 그만이다. 고민은 그 친구의 몫이다. 이것이 '지맘의 법칙'이

다. 말하는 것까지는 내맘이지만 해줄지 해주지 않을지
는 지맘이다.

반대로 친구의 마음을 열 수 있다고 생각하면 내 고민만
깊어진다. 말도 안 되는 고민이다. 괜한 스트레스 받지
말고 내려놓자. 지맘의 법칙을 기억하자!

07. 뜨는 게 아니라 날아야 한다

많은 사람이 뜨려고 한다. 정치계, 사업계, 연예계 등 모
든 분야에서 사람들은 뜨고 싶어 한다. 뜨는 것과 나는
것에는 차이가 있다. 뜨는 것은 타인의 힘에 의존해야 한
다. 타인의 영향을 받거나 분위기를 잘 타야 뜬다.

그런데 스스로 실력과 그릇을 갖추지 못한 상태에서 뜨
면 위험하다. 일단 뜨면 사람은 목이 뻣뻣해진다. 더구나
완전히 떠서 정점에 이르면 유리공처럼 딱딱해진다. 속
이 빈 까닭에 유리공이다.

그 유리공이 추락하면 어찌 될까? 박살이 난다. 끝내 회복하지 못하고 실망한 채 자살까지 하는 사람도 있다. 안됐지만 달이 차면 기울듯 언제까지나 뜬 상태로 지내지는 못한다. 올라갈 때가 있으면 내려올 때도 있는 법이다. 반면에 나는 사람은 자기 날개로 날아오른다. 새는 가지가 부러져도 두려워하지 않는다. 가지가 아니라 자신의 날개를 믿기 때문이다. 마찬가지로 우리는 어떤 분야에서든 뜨는 게 아니라 날아야 한다.

08. 질서 안의 자유가 진정한 자유다

사람들은 자신의 편리를 앞세울 때 혹은 급한 일이 있을 때 질서를 깨려 한다. 그런데 질서를 깨면 자유도 깨진다. 돈이 급하다고 너도나도 은행을 털면 어찌 될까? 사회는 혼란에 빠진다. 급하다고 너도나도 붉은색 신호등에 지나가면 어찌 될까? 커다란 사고가 발생한다. 우리는 질서를 지켜야 한다. 이것은 국가, 회사, 가정도 마찬가지다.

세상에서 가장 복잡한 곳 중 하나가 밤하늘이다. 깜깜한 밤하늘을 바라보면 무수히 많은 별이 총총히 박혀 있다. 복잡하게 얽혀 있는 수많은 별은 왜 서로 부딪혀 폭발하지 않는 걸까? 알고 보면 그 복잡한 별들 사이에도 질서가 존재한다. 우리가 학창 시절에 외웠듯 '수금지화목토천해' 같은 행성이 태양을 중심으로 질서를 지키며 공전한다.

대자연과 마찬가지로 우리는 각자 자기 분야에서 질서를 기반으로 자유를 얻는 것이 좋다. 그것이 지혜로운 자세다. 너무 자유로워 난장판으로 보이는 시장에도 그 나름대로 질서가 있지 않은가.

09. 직업은 인생의 꽃

직업은 내 인생에서 피어나는 꽃이다. 장미 씨앗은 장미를 피우고, 국화 씨앗은 국화를 피우며, 백합 씨앗은 백합을 피운 뒤 생을 마감한다. 우리 역시 직업이라는 꽃을 피운다. 당신은 어떤 꽃을 피우고 싶은가?

직업은 굉장히 중요하다. 우리 삶 자체가 직업으로 꿈을 이뤄가는 과정이기 때문이다. 직업은 곧 내 정체성이다. 우리가 태어났을 때 산부인과 간호사는 '개그맨이 태어났네요' '의사가 태어났어요' '판사가 태어났군요' '가수가 태어났어요' 하고 말하지 않는다. 그런데 우리가 사망하면 의사가, 판사가, 개그맨이 죽었다고 말한다. 그만큼 직업은 한 사람의 '삶의 정체성'이다.

하루는 아들이 내게 물었다.

"아빠, 직업을 선택할 때 잘하는 일을 선택해야 하나요? 좋아하는 일을 선택해야 하나요?"

나는 이렇게 대답했다.

"먼저 좋아하는 일을 선택해라. 그리고 그것을 잘하도록 도전하고 즐겨라."

좋아하는 일을 선택해야 성공 여정에서 시련을 겪으면 끈기와 인내를 발휘할 수 있다. 우리가 못 하는 것은 없다. 다만 하지 않거나 중간에 포기할 뿐이다. 더구나 좋아하지 않는 일을 하며 버티라고 하는 건 지옥이다. 우선 좋아하는 일을 선택해야 한다.

어떤 분야든 좋아하는 일을 선택했다면 그 분야의 최고가 되도록 잘하자! 어떤 분야에든 성공하는 사람은 존재한다. 최고의 블루오션은 꼭대기 자리다. 95%까지는 수많은 사람이 경쟁하지만, 96~100%에는 경쟁자가 거의 없다. 선택한 분야에서 최고가 되어보자!

이왕이면 돈이 되는 분야를 선택하자. 오목 1등, 굴 까기 1등, 모심기 1등, 청소 1등을 한들 스스로 만족하긴 어렵다.

야구 배트나 골프채, 테니스 라켓으로 쳤을 때 공이 맞으면 가장 잘 날아가는 부분을 스위트 스폿(Sweet spot)이라고 한다. 공이 그 부위에 정확히 맞으면 효율적으로 쭉 뻗어나가는 지점이다.

직업의 스위트 스폿은 세 가지가 맞아야 한다. 좋아하는 일, 잘하는 일 그리고 돈이 되는 일이 그것이다. 당신의 직업이 그러한가? 하루 중 대부분의 시간을 보내는 직장 환경이 나와 잘 맞으면 그야말로 매일 꽃밭으로 출근하는 셈이다. 그와 반대로 나와 잘 맞지 않으면 늘 쓰레기장으로 출근하는 기분일 것이다.

지금 당신의 마음이 불편하다면 그것은 어쩌면 스위트 스폿을 찾아 나서라는 신호일지도 모른다.

10. 마음 천국

우리는 꿈과 목표를 이루기 전에 먼저 마음을 알아야 한다. 마음공부를 하지 않으면 부자가 되어도 우울하고 괴로워 자살에 이를 수도 있다. 우리 마음이 괴로운 이유는 바로 탐진치(貪瞋癡), 즉 탐욕과 성냄과 어리석음 때문이다.

첫째, 탐은 탐욕심, 즉 욕심을 말한다. 욕심이란 내가 3만큼 일하고 10을 바라는 마음이다. 신은 내 그릇 크기에 맞게 부어주신다.

어릴 적 내가 살던 시골에서는 비가 오면 빗물을 받아 일상생활에 사용했다. 고무통, 양동이, 바가지 등 빗물은 그릇의 크기만큼 담겼다. 그릇이 소주잔이면 딱 그만큼만 담긴다. 부와 기회도 세상 여기저기를 흐르다가 내게로 흘러온다. 이때 정확히 내 그릇만큼 담기고 흘러간다.

열심히 도전하는 것은 좋지만 욕심은 화를 불러온다. 바꿀 수 없는 외부 환경에 휩쓸려 괴로워하지 말자. 괴로움은 외부로 향해 있는 시선, 즉 자존심이다. 내부로 향한 시선은 자존감이다. 자존심을 내세울 것이 아니라 자존감을 키우자.

둘째, 진은 진에심, 즉 성냄이다. 왜 분노할까? 그 이유는 바라보는 각도나 기준이 서로 다르기 때문이다. 가령 원뿔은 위에서 보면 원이고 옆에서 보면 삼각형이다. 그런데 서로 자기가 옳다고 화를 낸다.

이럴 때 필요한 것이 통찰력이다. 통찰력이란 옆, 위, 아래, 뒤에서도 보는 것을 말한다. 화가 나면 바로 반응하지 말고 잠깐 지켜보자! 화를 내면 내 몸은 노르아드레날린과 아드레날린을 분비한다. 하나는 뇌에서, 다른 하나는 근육에서 나온다.

이것은 독사의 독과 비슷하다. 독사에게는 독주머니가 있어서 독이 생겨도 안전하지만, 인체는 그렇지 않아 독이 몸을 오염시킨다. 그 스트레스는 만병의 근원으로 작용한다. 결국 화를 낼 경우, 가장 크게 손해를 보는 쪽은 자기 자신이다.

자극과 반응 사이에는 '감정'이라는 공간이 있다. 그 감정은 일정 순서로 일어나기 때문에 어느 정도 바꿀 수 있다. 만약 어떤 사건이 일어나면 우리는 먼저 생각을 한다. 이어 감정이 일어난다.

예를 들어 자동차 신호 대기 중에 다른 차가 와서 부딪혔다고 해보자. 몸을 움직여 보니 왼쪽 다리가 부러졌다. 그 순간 생각한다. 이건 나쁜 일인가, 아니면 좋은 일인가? 어떤 사람은 나쁜 일이라고 생각해 짜증을 낸다. 또 어떤 사람은 '아, 다행이다. 양쪽 다리가 부러졌거나 머리를 다쳤으면 어쩔 뻔했나? 감사하네'라고 생각한다.

또 다른 예로 버스를 타고 출근하는데 갑자기 사고가 났다고 해보자. 그 버스 안에 20명 정도가 타고 있었는데 유독 나만 팔목이 부러졌다면? 대개는 재수가 없다고 여긴다. 그런데 대형 사고라 모두 죽고 나만 팔목이 부러졌다면? 당연히 운이 좋다고 생각한다. 팔목이 부러진 것은 똑같지만 감정은 극과 극으로 달라진다.

결국 중요한 것은 '생각'이다. 어떤 이는 1억만 있으면 소원이 없겠다고 한다. 또 어떤 이는 10억이 있어도 100억을 바라기 때문에 10억에도 감동이 없다.

사건은 그 자체로는 좋은 일도, 나쁜 일도 아니다. 내가 좋은 일이라고 생각하면 좋은 감정이 생기고, 나쁜 일이라고 생각하면 나쁜 감정이 생길 뿐이다. 이처럼 감정은 생각에서 비롯되고 그것은 바꿀 수 있다.

삶은 사건과 사고의 연속이다. 하얀 운동화를 새로 사서 신고 나가면 어쩔 수 없이 때가 묻고 지저분해진다. 예쁘다고 그걸 집에만 둘 수는 없지 않은가. 두려워하거나 피하지 말고 긍정적으로 해석하자! 삶은 사실학이 아니라 해석학이다.

셋째, 치는 우치심, 즉 어리석음이다. 지금 바로 지옥을 맛보게 하는 어리석음은 '비교하는 일'이다. 사람들은 타인의 능력, 모습, 상황 등 모든 것을 자신과 비교한다. 비교는 그 자체로 어리석음이다.

가령 키가 180센티미터면 큰 것인가? 160센티미터보다는 크지만 195센티미터보다는 작다. 그러니 180센티미터는 큰 것도 아니고 작은 것도 아니다.

당신은 잘생겼는가? 연예인에 비하면 못생겼을지도 모르지만, 사고로 얼굴이 망가졌거나 태어날 때부터 기형인 사람에 비해서는 잘생긴 편이다. '당신은 잘생기지도 못생기지도 않다'가 정답이다. 우리에게는 이런 정견(正見)이 필요하다. 정견은 사물을 바로 보는 것을 말한다.

똥은 나쁜 것인가? 똥은 안방에 있으면 나쁜 것이지만 밭에 있으면 좋은 거름이다. 똥 그 자체는 좋은 것도 나쁜 것도 아니다.

내면으로 자꾸 파고들자. 장미가 자신을 튤립과 비교하지 않듯, 튤립이 자신을 백합과 비교하지 않듯, 나는 나다. 탐진치를 멀리하고 마음 천국에서 살자.

11. 관계 천국

데일 카네기는 성공 요인 중 85%가 인간관계에서 온다고 했다. 그만큼 관계는 중요하다. 더 중요한 것은 먼저 홀로 서야 함께 설 수 있다는 점이다.

대도시의 빌딩 숲에는 사람이 아주 많지만, 그들 중에는 외로움을 느끼거나 우울해하는 사람이 상당히 많다. 우리는 인간관계에서 행복과 사랑을 느낀다. 다른 한편으로 우린 인간관계로 인해 상처받고 원수가 된다.

특히 모르는 사람보다 가족이나 친구처럼 가까운 사람과 원수가 되는 경우가 많다. 그 이유는 홀로 서지 않고 다른 사람에게 바라거나 기대하는 것이 크기 때문이다. 기억하자. 인간관계는 양날의 검이다. 먼저 홀로 설 수 있어야 한다. 홀로 설 수 있으면 산속에 혼자 살아도 외롭지 않다.

만남은 하나의 세계와 또 다른 세계가 충돌하는 일이다. 가령 남녀가 결혼하면 연애할 때 보이지 않던 차이점이 보이기 시작한다. 심지어 사소한 차이를 극복하지 못하고 이혼하는 사례도 비일비재하다. 갈등(葛藤)의 한자를 보면 '칡 갈'과 '등나무 등'으로 이뤄져 있다. 칡과 등나무는 서로 반대 방향으로 올라가기 때문에 만날 수가 없다. 갈등이 생겼을 때, 지혜로운 자세는 그동안 각자 살아온 세계만 주장하는 것이 아니라 조금씩 양보하고 소통하려 노력하는 것이다. 누구도 나쁜 것이 아니다. 다만 서로 다를 뿐이다.

사람은 보이는 것을 믿기보다 믿는 것을 본다. 그런데 프레임(Frame)에 갇히면 프리덤(Freedom)을 잃고 만다. 자기만의 세계에 갇혀 있지 말고 그 프레임을 깨고 나오자! 알을 깨고 나온 병아리는 새로운 자유세계를 만난다. 인간관계도 마찬가지다. 소통과 존중을 바탕으로 관계 천국을 만들어보자! 다양한 꽃들이 모여 장관을 이루듯 관계 천국을 조성하면 지금 그 자리가 꽃밭, 즉 천국이 된다. 마음 천국과 관계 천국으로 천국을 만들어보자!

12. 관계 천국은 《삼국지》의 유비와 조자룡처럼

《삼국지》의 3대 대전 중 첫 번째는 '관도대전'이다. 이 결전에서 원소의 군사 70만 명을 상대로 군사 7만 명을 거느린 조조가 승리했다. 관도대전에서 크게 승리한 뒤 의기양양해진 조조는 다음에 칠 상대로 유비를 꼽았다. 황실의 후손인 유비가 천하통일을 하는 데 큰 걸림돌로 보였기 때문이다.

조조는 관도대전에서 승리한 기세를 몰아 유비가 있는 형주를 공격했다. 형주는 중국 대륙을 횡단하는 양쯔강에 인접한 곳으로 매우 비옥했기에 조조가 군침을 흘리던 지역이었다. 사실 형주는 유표라는 지방자치단체장이 맡고 있던 지역이었다. 당시 유표는 종친인 유비에게 잠깐 형주를 맡겨 관리하게 했는데, 유비가 따뜻한 품성으로 백성을 잘 다스리다 보니 많은 백성이 유비를 존경했다.

어쨌거나 조조군이 형주를 공격해오자 많은 백성이 형주에 남지 않고 유비와 함께 피난길에 올랐다. 조조군은 파죽지세로 유비군을 뒤쫓았다. 문제는 어린아이와 노인,

몸이 불편한 백성이 많아 피난 행렬의 탈출 속도가 더뎌지는 데 있었다. 장수들이 유비에게 권했다.

"이렇게 지체되면 조조군에게 붙잡히고 맙니다. 주군, 먼저 떠나십시오."

그러나 유비는 "백성은 나를 버릴 수 있을지언정 나는 백성을 버릴 수 없다. 백성과 함께하겠다"라고 말했다. 그는 백성을 돌보며 피난하기 바빠 갓난아기인 아들 아두와 두 부인을 호위무사 조자룡에게 맡겼다.

결국 조조군이 들이닥쳤다. 조자룡은 조조군에 맞서 정신없이 싸우면서 피난했다. 그런데 어느 순간 정신을 차려보니 아두와 두 형수가 없는 것이 아닌가. 알고 보니 자신이 지나온 조조 진영에 두 형수가 그대로 남겨진 것이었다. 조자룡은 즉시 날쌘 부하 몇몇을 뽑아 적진으로 돌진했고 다행히 큰 형수를 만났다.

"큰 형수님, 작은 형수님과 아두는요?"

그가 묻자 이런 대답이 돌아왔다.

"죄송해요, 놓쳤어요. 제가 먼저 왔어요."

조자룡은 부하들에게 명령했다.

"큰 형수님을 모시고 먼저 가거라!"

부하장수가 물었다.

"그럼 작은 형수님과 아두는요?"

결의에 찬 조자룡이 말했다.

"내가 혼자 간다!"

즉각 말에 오른 조자룡은 작은 형수와 아두를 찾았다. 애타게 작은 형수를 찾던 그는 마침내 아두를 안고 우물가에 있는 작은 형수를 발견했다. 그녀는 온몸에 상처를 입어 피범벅인 상태였다.

"형수님! 형수님! 제가 왔습니다. 함께 빨리 이 자리를 피하시죠!"

그때 피를 흘리던 작은 형수가 말했다.

"아두를 받아주세요. 저는 가망이 없어요. 오히려 짐만 될 거예요. 저를 두고 가세요."

그 말에 조자룡은 "작은 형수님이 가지 않으면 저도 가지 않겠습니다"라며 끝까지 같이 가려고 했다. 그 순간 작은 형수는 스스로 우물에 몸을 던졌다.

조자룡은 피눈물을 씹어 삼키며 어린 아두를 갑옷에 품고 유비 진영으로 향했는데, 그때 조조군이 개미 떼처럼 몰려들었다. 조자룡은 "내가 상산 조자룡이다"라고 외치며 조조군 병사와 장수의 목을 치면서 적들 사이를 통과해 유비에게 도착했다. 여러 곳에 자상을 입고 온몸이 피범벅이 된 그는 말에서 내려 절뚝절뚝 유비에게 걸어가 무릎을 꿇었다. 그리고 품에 안은 아두를 유비에게 건네며 말했다.

"죄송합니다. 작은 형수님을 모셔오지 못했습니다."

조자룡은 흐느끼며 고개를 숙였다. 그때 유비가 갑자기 아두를 내동댕이쳤다. 모두가 깜짝 놀라 쳐다보는 가운데 조자룡이 "주군, 왜 그러세요?" 하고 물었다. 유비는 "가족은 의복과 같고 장수는 수족과 같다고 했거늘, 이 못난 아들 녀석 때문에 내 팔다리 같은 귀한 장수를 잃을 뻔했구나"라며 통곡했다. 그 말을 들은 조자룡은 닭똥 같은 눈물을 흘리며 말했다.

"저, 상산 조자룡이 하늘과 땅에 맹세하오니 죽는 그날까지 주군을 배신하지 않겠습니다."

유비도 함께 무릎을 꿇고 울기 시작했다. 산천초목마저 그 광경을 지켜보며 감동했다. 그런 마음이기에 그들은 수많은 전투에서 연전연승할 수 있었다.

평생 마음을 나눌 수 있는 친구가 한 명만 있어도 성공한 인생이라 한다. 당신에게는 진심을 나눌 수 있는 친구가 몇 명이나 있는가? 당신 주변에 진정한 마음을 나누며 관계 천국을 누리는 사람이 몇 명이나 있는가? 우리는 관계 속에서 천국을 꿈꾼다.

현재에 집중하라!

우리는 과거의 후회와 미래에 대한 걱정에서 벗어나
지금 이 순간에 온전히 집중하는 것이
마음의 평화를 찾는 길이다.

지금에 충실하면, 감정과 생각을 객관적으로 관찰하며,
내면의 평화를 이루는 데 도움이 된다.

지금 이 순간이 천국이면 미래도 천국이고
지금이 지옥이면 미래도 지옥이 될 것이다.

내면과 외면이 조화를 이루는
마음 천국, 관계 천국, 경제 천국을 통해
우리 함께 구름 위의 삶을 살아가자!

내 사명은 G&G다. 즉, 굿 앤 그레이트(Good & Great)
다. 내가 부유한 것은 '좋은 일'이지만, 남을 부유하게 하
는 것은 '위대한 일'이다. 감사하게도 나는 좋은 일을 끝
냈다. 이제 내 마지막 사명은 위대한 일을 하는 것이다.

내 목표는 글로벌 행복주식회사 오너다. 내 가슴엔 나침
반이 하나 있는데 북쪽에 행복주식회사라고 선명하게 새
겨놓았다. 나는 한 사람이 행복하면 그 행복 파동이 1만
명에게 전달된다고 믿는다. 그 1만 명을 백만장자로 만들
고 싶다. 빌 게이츠는 컴퓨터라는 도구로 약 9천 명의 백
만장자를 만들었다.

1만 명의 백만장자를 만들면 그들 모두에게 긍정적 영향
이 미치면서 결국 1억 명 이상이 행복해질 것이다.

오늘도 나는 우주에 흔적을 남기는 삶을 향해 나아간다.

오늘도 나는 반드시 해내리라는 명상으로 하루를 힘차게

시작한다.

구름 위의 삶

초판 1쇄 발행 | 2024년 9월 11일

출판등록번호 | 제2015-000155호

펴낸곳 | 도서출판 라인
지은이 | 김 영 삼

발행인 | 정 유 식
기 획 | 정 유 식
디자인 | 박 정 욱

잘못된 책은 바꿔드립니다.
가격은 표지 뒷면에 있습니다.

ISBN 979-11-87311-35-5

주소 | 서울시 강남구 선릉로90길 10, 샹제리제빌딩
전화 | 02-558-1480
메일 | nubiz00@naver.com